COMO ORIENTAR A PESQUISA ESCOLAR
Estratégias para o processo de aprendizagem

Coleção
Formação
Humana
na Escola

Carol Kuhlthau

Traduzido e adaptado por:

Bernadete Santos Campello (coordenadora)
Adriana Bogliolo Sirihal Duarte
Carlos Alberto Ávila Araújo
Márcia Milton Vianna
Maria da Conceição Carvalho
Paulo da Terra Caldeira
Vera Lúcia Furst Gonçalves Abreu

COMO ORIENTAR A PESQUISA ESCOLAR
Estratégias para o processo de aprendizagem

autêntica

Copyright desta tradução © Autêntica Editora 2010
First published in the United States
by Scarecrow Press, Lanham, Maryland U.S.A.
Reprinted by permission. All rights reserved.

Publicado originalmente nos Estados Unidos, pela Scarecrow Press, Lanham, Maryland, EUA. Editado sob permissão. Todos os direitos reservados.

CAPA
Alberto Bittencourt
(Sobre imagens de Stock.XCHNG)

EDITORAÇÃO ELETRÔNICA
Conrado Esteves

REVISÃO
Vera Lúcia De Simoni Castro

Revisado conforme o Novo Acordo Ortográfico.

Todos os direitos reservados pela Autêntica Editora. Nenhuma parte desta publicação poderá ser reproduzida, seja por meios mecânicos, eletrônicos, seja via cópia xerográfica, sem a autorização prévia da Editora.

AUTÊNTICA EDITORA LTDA.
Rua Aimorés, 981, 8º andar. Funcionários
30140-071. Belo Horizonte. MG
Tel.: (55 31) 3222 6819
Televendas: 0800 283 13 22
www.autenticaeditora.com.br

Dados Internacionais de Catalogação na Publicação (CIP)
(Câmara Brasileira do Livro, SP, Brasil)

Kuhlthau, Carol Collier
  Como orientar a pesquisa escolar : estratégias para o processo de aprendizagem / Carol Collier Kuhlthau. – Belo Horizonte : Autêntica Editora, 2010.

  Título original: Teaching the Library Research Process.
  "Traduzido e adaptado pelo Grupo de Estudos em Biblioteca Escolar. Escola de Ciência da Informação. Universidade Federal de Minas Gerais".

  ISBN 978-85-7526-323-5

  1. Bibliotecas - Orientação para estudantes de ensino médio 2. Pesquisa - Metodologia - Estudo e ensino (Ensino médio) 3. Relatórios - Redação - Estudo e ensino (Ensino médio) I. Título.

10-04548   CDD-025.5678233

Índices para catálogo sistemático:
1. Pesquisa escolar : Orientação para estudantes de ensino médio   025.567823

Sumário

Lista de figuras	11
Apresentação da edição brasileira	13
Introdução	17

Capítulo 1
INÍCIO DO TRABALHO — 27

Tarefa do primeiro estágio	28
Reações à proposta de pesquisa	28
Vivência do processo de pesquisa	29
Criação da necessidade de informação	29
Divulgação dos resultados da pesquisa	30
Contextualização da pesquisa	31
Planejamento do projeto de pesquisa	32
Convite à pesquisa	36
Papel da biblioteca	38
Planejamento conjunto	39
Atividade 1-1 – Convite à pesquisa	40
Atividade 1-2 – Brainstorming e discussão	48
Atividade 1-3 – Uso do diário	49
Atividade 1-4 – Linha do tempo do processo de pesquisa	53
Atividade 1-5 – Fluxograma do processo de pesquisa	57

Capítulo 2
SELEÇÃO DO ASSUNTO — 59

Tarefa do segundo estágio	60
Sentimentos dos estudantes durante a seleção do assunto	61
Criação de clima motivador	62
Tomada de decisões	63

Seleção de assuntos que podem ser definidos e ampliados … 65
Ritmo individual na seleção de assuntos … 66
Critérios para escolha do assunto … 66
Papel da biblioteca … 71
Obtenção de visão geral … 72
Realização do levantamento … 73
Atividade 2-1 – Linha do tempo do processo de pesquisa … 74
Atividade 2-2 – Obtenção de visão geral … 75
Atividade 2-3 – Manutenção do diário … 80
Atividade 2-4 – Levantamento para seleção do assunto … 82
Atividade 2-5 – Reunião com o bibliotecário … 86
Atividade 2-6 – Tomada de decisão … 88

Capítulo 3
EXPLORAÇÃO DE INFORMAÇÕES … 91
Tarefa do terceiro estágio … 92
Sentimentos dos estudantes durante a exploração de informações … 93
Aprender a lidar com os sentimentos … 94
Disposição para aprender … 95
Busca de informações … 96
Visão do universo informacional … 98
Identificação de termos de busca … 100
Exploração de ideias … 101
Flexibilização do tempo … 103
Possibilidades de focalizar o assunto da pesquisa … 104
Anotação de ideias … 106
Registro do material consultado … 106
Papel do professor e do bibliotecário … 107
Atividade 3-1 – Linha do tempo do processo de pesquisa … 107
Atividade 3-2 – Estrutura hierárquica dos assuntos … 109
Atividade 3-3 – Identificação de termos de busca … 111
Atividade 3-4 – Definições do assunto … 113
Atividade 3-5 – Busca exploratória … 115
Atividade 3-6 – Ações do estágio de exploração: relaxar, ler, refletir … 118
Atividade 3-7 – Lista de material consultado … 120

Capítulo 4
DEFINIÇÃO DO FOCO 125
Tarefa do quarto estágio 126
Sentimentos dos estudantes durante a definição do foco 126
Tomada de decisão 127
Critérios para definir o foco 128
Economia de tempo e esforço 130
Adiamento da definição do foco 130
Definição do foco 131
Necessidade de voltar ao estágio anterior 132
Momento de decisão no processo de pesquisa 133
Momento de *insight* 133
Adaptação e refinamento do foco 135
Processo de definição do foco 135
Estratégias para definir o foco 137
Papel do professor e do bibliotecário 138
Atividade 4-1 – Linha do tempo do processo de pesquisa 138
Atividade 4-2 – Reflexão sobre possíveis focos 139
Atividade 4-3 – Levantamento de material sobre o foco 142
Atividade 4-4 – Grupos de discussão 145
Atividade 4-5 – Reuniões 147
Atividade 4-6 – Definição do foco 149
Atividade 4-7 – Descrição do foco 151

Capítulo 5
COLETA DE INFORMAÇÕES 153
Tarefa do quinto estágio 154
Sentimentos dos estudantes quando coletam informações 155
Definição clara do foco 155
Fazendo escolhas 156
Refinando e adaptando o foco 157
Criação de clima convidativo 158
Aumento de interesse 159
Visão do universo informacional disponível na biblioteca 159
Busca nas fontes de informação 160
Uso de termos de busca e pistas 160

Entendimento da organização das informações 161
Uso do catálogo da biblioteca 163
Uso de instrumentos de acesso 164
Compreensão da utilidade das fontes 165
Leitura direcionada 165
Anotações 166
Controle do material consultado 168
Papel do professor 168
Papel do bibliotecário 169
Atividade 5-1 – Linha do tempo do processo de pesquisa 170
Atividade 5-2 – Pensar no universo informacional 172
Atividade 5-3 – Identificação de termos de busca durante o processo de pesquisa 175
Atividade 5-4 – Compreensão da hierarquia da classificação bibliográfica 177
Atividade 5-5 – Uso do catálogo da biblioteca 183
Atividade 5-6 – Passar os olhos nas estantes 184
Atividade 5-7 – Uso de obras de referência 187
Atividade 5-8 – Uso de informações correntes 190
Atividade 5-9 – Avaliação de material 193
Atividade 5-10 – Anotações 195

Capítulo 6
PREPARAÇÃO PARA APRESENTAÇÃO DO TRABALHO ESCRITO 197
Tarefa do sexto estágio 198
Sentimentos dos estudantes durante a elaboração do trabalho 198
Encerramento da busca de informações 199
Manutenção do prazo 199
Esgotamento dos recursos informacionais 200
Realização de esforço suficiente 201
Verificação final das fontes de informação 201
Fundamentação adequada do foco 202
Organização das anotações 202
O esquema 203
Citação, paráfrase e resumo 203
Conexão e ampliação de ideias 204
Redação do trabalho 205
Bibliografia 205

Papel do professor 206
Papel do bibliotecário 207
Atividade 6-1 – Fundamentação adequada do foco 207
Atividade 6-2 – Indícios de término da busca de informações ... 210
Atividade 6-3 – Verificação final nas fontes de informação ... 212
Atividade 6-4 – Organização das anotações 214
Atividade 6-5 – O esquema 216
Atividade 6-6 – Citação, paráfrase e resumo 218
Atividade 6-7 – Conexão e ampliação de ideias 220
Atividade 6-8 – Bibliografia 223

Capítulo 7
AVALIAÇÃO DO PROCESSO 225
Tarefa do sétimo estágio 226
Sentimentos dos estudantes após o processo de pesquisa 226
Aumento da autoconfiança 227
Evidência do foco 228
Uso do tempo 229
Uso dos recursos informacionais 230
Auxílio do bibliotecário 230
Técnicas para avaliar o processo de pesquisa 231
Linha do tempo 232
Fluxograma 232
Reuniões 233
Redação da síntese 233
Papel do professor 234
Papel do bibliotecário 234
Atividade 7-1 – Linha do tempo personalizada 235
Atividade 7-2 – Fluxograma 238
Atividade 7-3 – Reuniões 243
Atividade 7-4 – Redação da síntese do trabalho 245

Anexo 1
VISÃO GERAL DAS ATIVIDADES PROPOSTAS 247

Anexo 2
PUBLICAÇÕES E
SITES CITADOS COMO EXEMPLO 251

Lista de figuras

Quadro 1 – Linha do tempo do processo de pesquisa............ 56

Quadro 2 – Fluxograma do processo de pesquisa................... 58

Quadro 3 – Sistema de Classificação Decimal de Dewey: classes principais e subdivisões............................. 179

Quadro 4 – Sistema de Classificação Decimal Universal: classes principais e subdivisões............................. 180

Quadro 5 – Exemplo de linha do tempo do processo de pesquisa... 236

Quadro 6 – Exemplo de linha do tempo do processo de pesquisa... 236

Quadro 7 – Exemplo de linha do tempo do processo de pesquisa... 237

Quadro 8 – Exemplo de linha do tempo do processo de pesquisa... 237

Quadro 9 – Exemplo de fluxograma... 240

Quadro 10 – Exemplo de fluxograma....................................... 241

Apresentação da edição brasileira

Desde 1998, quando esteve presente no I Seminário Biblioteca Escolar Espaço de Ação Pedagógica, organizado pelo Grupo de Estudos em Biblioteca Escolar (GEBE), integrado por professores da Escola de Ciência da Informação da Universidade Federal de Minas Gerais, a professora Carol Kuhlthau passou a ser parceira constante nas ações do grupo. A adaptação e a tradução para o português do seu livro *Como usar a biblioteca na escola* constituiu momento importante nessa parceria, permitindo a disseminação de um conceito central na filosofia de trabalho do grupo: o letramento informacional. *Como usar a biblioteca na escola* apresentou uma metodologia para desenvolver nos alunos, desde o início de sua escolarização, de forma sequencial e sistematizada, habilidades de localizar, selecionar e usar informações que os capacitem para aprender com independência, não só durante sua formação escolar, mas ao longo da vida. Essa metodologia foi uma contribuição do GEBE para aplicação da noção de aprendizagem pela busca e pelo uso de informações, enfatizando o papel da biblioteca no processo.

Com a presente publicação, o GEBE dá mais um passo na sua ação de fortalecer a noção de letramento informacional, oferecendo à comunidade escolar brasileira um instrumento para a prática da aprendizagem pela pesquisa, que envolve localização, seleção e uso de informações. É uma abordagem da pesquisa escolar embasada na série de estudos acadêmicos de Carol Kuhlthau, que, realizados desde a década de 1980, revelaram a complexidade da aprendizagem pela busca e pelo uso da informação, abordando aspectos cognitivos e afetivos do processo que ocorre em vários estágios. Assim, a metodologia proposta neste livro é sustentada pela chamada *abordagem baseada em processo*, que entende a pesquisa escolar como um processo complexo – e em alguns momentos conflituoso – e não apenas como a apresentação de um produto final pelo aluno.

Uma das ideias centrais da metodologia é a *orientação* realizada pelo professor e pelo bibliotecário, que apoiam e mediam a aprendizagem dos alunos ao longo de todo o processo, realizando intervenções específicas em cada estágio. Outra ideia central é a busca e o uso de informações de forma sistematizada, de preferência em um *acervo organizado*. Portanto, neste livro, a biblioteca da escola se revela um recurso didático importante. Isso não significa, entretanto, que escolas que não contem com biblioteca estejam impedidas de usar a metodologia. A ideia de acervo organizado, mais do que ressaltar a necessidade de preparar crianças e jovens para utilizar acervos similares, mostra que o processo de buscar e usar informações é fundamental na construção do conhecimento e parte integrante da pesquisa escolar. Portanto, é fundamental que o mediador oriente os estudantes para aprenderem e exercitarem habilidades informacionais durante o processo de pesquisa e não ceda à tentação de fornecer informações prontas e acabadas, o que obviamente facilita seu trabalho. Por conseguinte, escolas que contam com biblioteca que tenha o acervo organizado com base em instrumentos de acesso formais – e com bibliotecário – terão melhores condições de colocar em prática as propostas deste livro. Por outro lado, professores interessados na implementação de estratégias de aprendizagem pela pesquisa, mesmo sem o recurso da biblioteca e do bibliotecário, poderão utilizar a metodologia, adaptando as atividades sugeridas.

É preciso ressaltar que temos clara percepção da dificuldade que o uso de tal metodologia representa. Sabemos, por experiência própria, que abrir mão de estratégias com as quais, como professores, sentimos que temos o domínio sobre a aprendizagem dos alunos e investir em uma metodologia que nos parece tirar do controle é uma opção corajosa. Mas, como Carol Kuhlthau mostra na introdução, não é necessário começar usando a metodologia em toda a sua extensão: o professor experiente saberá selecionar o que for mais adequado aos seus alunos e ao contexto de sua prática.

Deve-se esclarecer que essa metodologia prevê que cada estudante realize o processo individualmente. Sabemos que, via de regra, trabalhos de pesquisa escolar são feitos em grupo, mas consideramos necessário que o aluno passe, pelo menos uma vez, pela experiência de se envolver totalmente com o processo e aprenda a se responsabilizar por sua aprendizagem.

Uma questão importante nessa metodologia é o uso do tempo escolar. Proporcionar tempo para que os estudantes busquem informações, leiam, reflitam, produzam textos, enfim, para que exercitem as habilidades de um pesquisador, constitui um desafio. O tempo demandado para o processo pode variar em função de diversos fatores. A experiência anterior dos alunos em projetos semelhantes permite que os mediadores imprimam um ritmo mais rápido às atividades. A disponibilidade de fontes de informação é outro fator que vai influenciar nesse aspecto. Se a escola dispõe de uma biblioteca com boa coleção, material variado e acesso à internet é recomendado que os estudantes explorem todos esses recursos durante o processo. O programa completo proposto neste livro prevê cerca de 60 horas de atividades em sala de aula e na biblioteca, podendo ser reduzido dadas as possibilidades de que o aluno complete tarefas em casa e de que algumas atividades possam ser reunidas. Outra possibilidade de potencialização do tempo é que o processo seja realizado como atividade de mais de uma disciplina. Tal estratégia constitui também uma mudança na realidade escolar, já que vai exigir o trabalho colaborativo, que não é uma prática comum nas escolas brasileiras.

Uma visão geral das atividades propostas, dos exercícios que acompanham cada uma dessas atividades e do tempo sugerido para sua realização é apresentada no ANEXO 1.

Esperamos que escolas, professores e bibliotecários que desejem implementar processos de aprendizagem construtivista encontrem neste livro ideias para colocar em prática. E que seus esforços sejam recompensados pela percepção de que os alunos irão ter prazer em aprender ao explorarem, com o apoio dos mediadores, o universo informacional hoje disponibilizado em variados formatos.

Os tradutores

Introdução

Este livro oferece uma metodologia abrangente e sequencial para conduzir estudantes através do complexo processo de pesquisa escolar. É indicado para bibliotecários e professores, interessados em estratégias de aprendizagem que levem os estudantes a produzir conhecimento de forma investigativa e questionadora. Cada capítulo é dedicado a um dos sete estágios do processo de pesquisa.

1. início do trabalho;
2. seleção do assunto;
3. exploração de informações;
4. definição do foco;
5. coleta de informações;
6. preparação do trabalho escrito;
7. avaliação do processo.

Cada capítulo apresenta a descrição detalhada de um estágio do processo de pesquisa, seguida de atividades e exercícios que ajudam os estudantes no desenvolvimento do trabalho. Também são identificadas tarefas, pensamentos e sentimentos característicos de cada estágio. Além disso, são examinados e definidos os papéis do professor e do bibliotecário no processo. Cada uma das atividades apresenta:

- título;
- introdução, descrevendo o objetivo;
- tempo necessário para completá-la;
- material necessário;
- instruções claras e concisas;
- sugestões para variações e atividades suplementares.

Os exercícios que acompanham a maioria das atividades podem ser duplicados e distribuídos para os estudantes e feitos em classe ou como tarefas para casa.

Em algum momento de sua formação escolar, os estudantes deveriam passar pelo processo inteiro, não sendo necessário, entretanto, utilizar a metodologia completa apresentada neste livro para todos os trabalhos de pesquisa. Algumas estratégias mais adequadas às necessidades dos alunos podem ser escolhidas e utilizadas em outras ocasiões. A metodologia completa pode ser usada com estudantes que tenham feito pouca pesquisa, ou em uma disciplina centrada no processo. Em qualquer disciplina do currículo podem ser selecionadas partes da metodologia para utilização em trabalhos de pesquisa.

Ao se aplicar essa metodologia a um trabalho de pesquisa, é importante que o mediador considere dois fatores. Primeiro, ter em mente a experiência prévia dos estudantes e sua capacidade. Segundo, estimar o tempo disponível para auxiliá-los no processo de pesquisa. Quando os estudantes compreenderem os estágios do processo de pesquisa, necessitarão de menos orientação na aplicação das técnicas recomendadas. O tempo de aula gasto pode ser reduzido, fazendo-se breve introdução sobre cada atividade em classe e entregando os exercícios aos estudantes como trabalho a ser feito em casa. A metodologia deve ser adaptada às exigências e limitações de determinada situação, e as atividades, ajustadas às necessidades dos estudantes.

No estabelecimento dessa metodologia, também foi considerado o desenvolvimento cognitivo, porque crianças passam por vários estágios de desenvolvimento, e sua capacidade é determinada, até certo ponto, pelo estágio em que se encontram em dado momento. Para executar as tarefas do processo de pesquisa, os estudantes devem estar no estágio que Piaget chama de "nível formal operacional de desenvolvimento cognitivo", usualmente alcançado entre 12 e 16 anos. Nesse nível, os estudantes estão aptos a abstrair, generalizar e formular hipóteses, habilidades essenciais para obter êxito no processo de pesquisa.

O principal objetivo dessa metodologia é atrair o interesse dos estudantes para ideias que estejam desenvolvendo no momento em que realizam a pesquisa. Esse interesse vai encorajá-los a utilizar recursos informacionais, tanto para aumentar o entendimento dos assuntos que estão pesquisando quanto para realizar com criatividade as atividades escolares e outras ao longo da vida.

A maior contribuição deste livro reside no fato de ser baseado em estudo empírico do processo de realização de trabalhos de pesquisa, solicitados em situações concretas. Enfatizam-se as experiências dos estudantes com a biblioteca e com as fontes de informação e consideram-se suas perspectivas do processo de pesquisa. As atividades e os exercícios foram elaborados para responder aos problemas que os estudantes frequentemente experimentam em cada estágio do processo.

Quando o livro foi publicado pela primeira vez, em 1985, a autora havia completado um estudo extensivo com estudantes concluintes do ensino médio enquanto desenvolviam um trabalho de pesquisa. Chegou à conclusão que a abordagem tradicional de mediação de pesquisa não levava em consideração a maneira como os alunos vivenciavam o processo, principalmente nos estágios iniciais, quando geralmente se apresentavam confusos, inseguros e sobrecarregados, demandando orientação. Demonstravam necessidade de estratégias mais exploratórias e sistemáticas para deslanchar o processo criativo de aprendizagem com base no uso de fontes de informação. Muitas das estratégias didáticas tradicionais eram excessivamente prescritivas e altamente detalhadas, concentrando-se mais no aspecto mecânico do trabalho do que no processo criativo de aprendizagem sobre o assunto ou problema. A principal diferença entre as intervenções recomendadas neste livro e aquelas comumente utilizadas é que as estratégias tradicionais raramente levam em consideração o processo construtivo ativo de aprendizagem dos estudantes.

Durante os dez anos que se seguiram ao estudo original, a autora continuou a investigar o processo de pesquisa. Cinco estudos foram realizados, utilizando tanto métodos qualitativos quanto quantitativos.

O modelo do processo de pesquisa revelado e desenvolvido no estudo inicial, mencionado anteriormente, mostrou-se válido entre diferentes populações e ao longo do tempo, conforme comprovado por estudos posteriores. Um segundo estudo examinou o grupo original de estudantes quatro anos depois. Esse desdobramento revelou que, como universitários, eles tiveram uma compreensão mais clara do processo de pesquisa como um todo e de que o foco emergiria das informações que encontrassem. No terceiro estudo, quatro desses estudantes foram entrevistados após haverem concluído a graduação. O quarto estudo analisou como alunos concluintes do ensino médio, com aproveitamento baixo, médio e avançado, experimentaram o processo. O quinto estudo comparou como o processo foi vivenciado por três categorias de usuários: alunos do ensino médio em bibliotecas escolares, alunos de graduação em bibliotecas universitárias e usuários de bibliotecas públicas. Cada um desses estudos mostrou que as pessoas têm experiências similares quando estão pesquisando um problema abrangente, ao longo de um período de tempo extenso. Tendem a se apresentar inseguras e ansiosas no início, quando os pensamentos são vagos e mal definidos. Tornam-se confiantes e interessadas após terem aprendido mais sobre o assunto ou problema e formado uma perspectiva individual, ou seja, depois de terem definido o foco da pesquisa.[1]

Como orientar a pesquisa escolar foi a resposta à necessidade de uma nova abordagem para orientar os estudantes ao longo do

---

[1] Posteriormente, a autora realizou mais dois estudos, dessa vez em ambientes de trabalho, buscando entender como determinados profissionais buscam e usam informações para solucionar problemas, tomar decisões e realizar tarefas, ou seja, como vivenciam o processo de busca de informações no ambiente de trabalho. Esses estudos confirmaram que o modelo ISP continua válido em ambientes diferentes do educacional, onde as pesquisas anteriores haviam sido realizadas. Fonte: KUHLTHAU, C. C. *Seeking meaning: a process approach to library and information services.* 2. ed. Westport, Conn.: Libraries Unlimited, 2004. 247 p.

trabalho de pesquisa e, em última análise, para ensinar habilidades de uso de biblioteca e informação de forma contextualizada, e não instruindo sobre fontes, isoladamente. Essa metodologia, embora originalmente desenvolvida para estudantes de final do ensino médio, tem se mostrado aplicável a estudantes de anos iniciais desse mesmo período, bem como a estudantes universitários, tanto de graduação quanto de pós-graduação. Estudantes de todos os níveis podem beneficiar-se da compreensão do processo de pesquisa. De fato, a abordagem baseada em processo tem provado ser bastante útil para pessoas de qualquer idade que estejam desenvolvendo um extenso projeto de pesquisa que lhes exija apresentar determinada perspectiva sobre um assunto. O elemento crítico é que a pessoa defina um foco valendo-se da exploração preliminar de informações sobre o assunto. Esse tipo de formulação exige considerável grau de abstração e pode estar além da compreensão de crianças que ainda não tenham alcançado o estágio formal operacional de desenvolvimento cognitivo, conforme definido por Piaget. No entanto, crianças do ensino fundamental podem – de modo mais genérico – se envolver ativamente na aprendizagem sobre um assunto e compartilhar o novo conhecimento como preparação para realizar pesquisas no ensino médio e além dele.

Desde a publicação deste livro, bibliotecários de bibliotecas escolares e universitárias dos Estados Unidos, Canadá e de outros países vêm utilizando a abordagem baseada em processo como estratégia didática e uma série de estudos empíricos vem sendo conduzida para determinar a eficácia dessa abordagem. Bibliotecários de escolas consideraram que tal abordagem torna acessíveis novas formas de orientar os estudantes no estudo de um assunto ou problema. Bibliotecários de universidades envolvidos com atendimento e educação de usuários consideraram que ela proporciona nova perspectiva para lidar com as questões dos estudantes.

Tal abordagem utiliza teorias construtivistas de aprendizagem, que atualmente constituem a base para a reestruturação e o aperfeiçoamento da educação em todos os níveis. O modelo do processo de busca de informação revela o processo ativo construtivo de aprendizagem por meio de informações, que envolve sentimentos, bem como pensamentos e ações. Os construtivistas veem a aprendizagem como um processo individual que leva a pessoa a encontrar significados em novas informações, baseando-se em seus conhecimentos prévios. A aprendizagem acontece não pela apreensão de fatos, mas pela construção ativa de novas ideias. Os fundamentos teóricos dos estudos realizados por Carol Kuhlthau foram as obras e as pesquisas de importantes construtivistas: John Dewey, Jerome Bruner e George Kelly. O trabalho clássico do psicólogo George Kelly sobre o processo de construção do conhecimento influenciou particularmente no desenvolvimento do modelo do processo de pesquisa que incluiu os sentimentos que o indivíduo experimenta em qualquer processo construtivista.

Um importante componente na abordagem baseada em processo é a parceria entre bibliotecário e professor. As atividades e os exercícios foram desenvolvidos para os dois trabalharem conjuntamente, orientando os estudantes ao longo do processo. As atividades identificam qual dos mediadores tem maior responsabilidade em cada intervenção. No entanto, a decisão sobre quem vai conduzir a atividade deve ser tomada de comum acordo, dependendo da situação.

Em dado momento, a autora considerou a possibilidade de desenvolver um manual a ser entregue diretamente aos estudantes para guiá-los na condução do próprio processo de pesquisa. Após reflexões, tal ideia foi rejeitada pelo fato de que, na abordagem baseada em processo, a parceria professor-bibliotecário é essencial para orientar, aconselhar e acompanhar os estudantes ao longo do trabalho. Enfim, essa metodologia procura tornar os estudantes mais independentes, mas ocorrem situações em que mesmo os mais competentes pesquisadores precisam de orientação, não importa quão capazes tenham se tornado, e uma importante noção que os estudantes devem aprender refere-se a quando e como solicitar ajuda.

O livro é dividido em sete capítulos que abrangem os seis estágios do processo de pesquisa propriamente dito mais o estágio em que se propõe a autoavaliação do processo como um todo, que prevê a reflexão dos estudantes após terem completado o trabalho. Em cada estágio, são apresentados a tarefa a ser executada, os pensamentos, as ações e os sentimentos comumente experimentados pelos estudantes. Sempre que possível, foram utilizadas as próprias palavras dos estudantes,[2] chegando-se mais perto daquilo que pensaram, de como se sentiram e como agiram durante cada um dos estágios da pesquisa. Essas declarações autênticas, embora algumas vezes desajeitadas, descrevem pensamentos e sentimentos por trás das ações e revelam que os estudantes precisam de ajuda e orientação para desenvolver compreensão de um assunto e formular uma perspectiva focalizada.

Um elemento essencial da abordagem baseada em processo é o reconhecimento de sentimentos associados aos sucessivos estágios do processo de pesquisa. Uma descoberta importante na série de estudos foi que os sentimentos iniciais de incerteza, confusão e ansiedade experimentados nos primeiros estágios eram eventualmente substituídos por sentimentos de crescente confiança e interesse nos estágios finais. Algumas das intervenções mais inovadoras foram planejadas para os primeiros estágios, nos quais as metodologias tradicionais normalmente enfatizam a mecânica do trabalho escrito em vez do processo de aprendizagem.

A descrição do processo como um todo foi considerada componente crítico na abordagem baseada em processo. Por isso, a presente edição inclui exemplos de linha do tempo que mostram o processo de pesquisa completo (Quadros 5 a 8). Esses exemplos devem ser distribuídos aos estudantes nos primeiros estágios do trabalho, uma vez que descrevem a sequência de sentimentos associados com mudanças nos pensamentos e ações que eles devem esperar encontrar ao longo do processo. Por experiência, a autora considera importante que os alunos compreendam o processo completo antes de o começarem.

Outro componente crítico da abordagem baseada em processo e fator essencial para se obter bons resultados na pesquisa é a definição de uma perspectiva focalizada do assunto ou problema. Até o momento, a explanação clara dessa questão não apareceu em quaisquer das estratégias didáticas tradicionais.

---

[2] No texto, a fala dos estudantes aparece entre aspas.

Em vários aspectos, este livro é mais oportuno hoje do que quando foi publicado pela primeira vez, em 1985. Há algum tempo, o trabalho de pesquisa era considerado apenas como exercício acadêmico; hoje é visto como essencial para o desenvolvimento da habilidade de definir a perspectiva focalizada de uma questão ou problema, utilizando-se variadas fontes de informação. O conhecimento sobre como a biblioteca, como fonte de informação, insere-se no ambiente de abundância informacional, é importante para o livre acesso à informação. Desenvolver habilidades de pesquisa como um processo de busca de informações é necessário para muitos indivíduos na sociedade da informação e a habilidade de identificar necessidades de informação, localizar informações apropriadas e utilizá-las para aprender, tomar decisões e resolver problemas é necessária a qualquer pessoa.

A pergunta crítica entre educadores é: como preparar as crianças e os jovens para viverem de modo completo e produtivo na sociedade da informação? John Goodlad[3] relembra que existem três responsabilidades básicas para a educação em uma sociedade democrática: preparar para o mercado de trabalho, para a cidadania e para a convivência humana. O conhecimento e as habilidades necessárias para obter êxito em cada uma dessas áreas têm mudado radicalmente no ambiente tecnológico e informacional.

A sociedade na qual vivemos e o ambiente no qual a aprendizagem ocorre são surpreendentemente dinâmicos. Estamos em meio a uma era caracterizada por grande quantidade de informações e por rápidas mudanças. Na vida cotidiana, experimentamos constantemente o aumento e a expansão de informações transmitidas em alta velocidade. Hoje, a internet oferece acesso crescente à informação e ao conhecimento. Nas bibliotecas, catálogos automatizados e bancos de dados *on-line* tornaram-se lugar comum, e novas tecnologias e *software* surgem constantemente.

À medida que essas tecnologias expandem o acesso à informação, surgem alguns problemas. Uma questão central é a

---

[3] John Goodlad é professor emérito e diretor adjunto do Center for Educational Renewal na University of Washington (Seattle, USA). É um educador conhecido por seu trabalho sobre a missão da educação na sociedade democrática.

equidade. Existe o perigo de maior possibilidade de acesso por aqueles que possuem letramento digital e menor acesso pelos que não possuem. A educação tem importante papel na preparação dos estudantes para o acesso à internet, ajudando no desenvolvimento de habilidades para a aprendizagem ao longo da vida em um ambiente rico em informações. Essas habilidades incluem dominar o processo de pesquisa, particularmente quando se trata de questões que exigem conhecimento aprofundado.

Outro problema comum em um ambiente rico em informações é o de excesso, que induz à trivialidade e ao processamento superficial, o que pode aumentar – ao invés de diminuir – a sensação de incerteza e confusão. A tendência é deslizar sobre a superfície da inovação do momento, resultando em distração, aborrecimento e falta de compreensão profunda. A abordagem baseada em processo prepara os estudantes para gerenciar a sobrecarga de informações, por meio do desenvolvimento da habilidade de definir uma perspectiva focalizada de determinado assunto, que lhes forneça direcionamento para coletar apenas aquilo que seja relevante ao objetivo central.

Que habilidades as pessoas necessitam ter para obter êxito em um ambiente dinâmico, repleto de informações e mudanças rápidas? Colocando essa questão no contexto das três atribuições da educação acima mencionadas, nota-se necessidade crítica de habilidades que preparem os estudantes para o processo de aprendizagem com base em informações. O trabalho em organizações altamente informatizadas demanda pensamento abstrato e julgamento crítico, feitos com base em informações geradas por computadores. A participação no processo democrático demanda a habilidade de formular perspectiva pessoal ou ponto de vista, a partir do uso de variadas fontes de informação e de opiniões eletronicamente disponíveis. A participação na convivência humana demanda saber o que significa ser humano e ter profunda compreensão dos problemas e oportunidades diante de nós.

Como preparar as pessoas para viverem uma vida completa e produtiva na sociedade da informação? Habilidades essenciais para lidar com informações são desenvolvidas quando os estudantes se envolvem na busca de soluções para problemas interessantes, exploram uma perspectiva focalizada, reúnem informações para definir e ampliar o foco e apresentam seu ponto de vista para uma audiência interessada. A pesquisa que utiliza a abordagem baseada em processo combina a aprendizagem de conteúdos com a de habilidades de uso de informações, necessárias para lidar com problemas reais em contextos do mundo real na era da informação.

Capítulo 1
Início do trabalho

TAREFA	Preparar para a decisão de selecionar o assunto.
PENSAMENTOS	Enfrentar o trabalho; compreender a tarefa; relacionar experiências e aprendizagens prévias; considerar possíveis assuntos.
SENTIMENTOS	Apreensão em relação ao trabalho que vai enfrentar; incerteza.
AÇÕES	Conversar com outros; passar os olhos nas fontes de informação; escrever e anotar questões sobre possíveis assuntos.
ESTRATÉGIAS	*Brainstorm;* discussões; ponderar sobre possíveis assuntos; tolerar incertezas.

Tarefa do primeiro estágio

No primeiro estágio do processo de pesquisa, a tarefa dos estudantes é se prepararem para selecionar o assunto. Primeiro, precisam compreender o que é esperado deles. Quais são as exigências do trabalho? A experiência prévia que os estudantes possuem com pesquisa influencia o modo como lidam com a tarefa que vão enfrentar. Estudantes mais experientes tentam imediatamente estabelecer os limites do trabalho. Já aqueles com pouca experiência prévia em pesquisa tendem a protelar a tarefa inicial. Portanto, a primeira coisa a fazer é definir claramente o que é exigido e isso deveria ser feito tão logo o trabalho seja proposto.

Os estudantes devem estar atentos, assumindo postura receptiva. Geralmente, no início eles fazem inúmeras perguntas sobre detalhes específicos do trabalho, tais como "quantas páginas o trabalho deve ter?", "quantos textos devemos ler?", "quantas referências são necessárias?". É difícil padronizar tais especificidades, mas pode-se definir o mínimo para ajudar os estudantes a estabelecer o escopo da pesquisa. Eles precisam aprender que, de certa maneira, o próprio assunto determina a quantidade de informação necessária e a complexidade da pesquisa. Alguns assuntos podem ser explorados satisfatoriamente utilizando-se apenas alguns materiais e ser relatados em poucas páginas. Outros exigem consulta a vários textos e requerem muitas páginas para sua explanação.

Os estudantes também devem considerar como podem satisfazer às exigências do trabalho. O que lhes interessa dentro do seu escopo? Devem compreender o trabalho e considerar possíveis assuntos para pesquisar.

Reações à proposta de pesquisa

Quando o professor solicita um trabalho de pesquisa, a primeira e mais comum reação dos estudantes é um sentimento de apreensão e ansiedade. Alguns descreveram seus sentimentos da seguinte forma: "É como um tipo de medo que me atinge", "Eu me sinto deprimido e pressionado". "Me sinto sobrecarregado com a quantidade de trabalho que terei de enfrentar".

Esses sentimentos devem ser reconhecidos pelo professor e pelo bibliotecário. Os estudantes precisam restabelecer a confiança em si mesmos e contar com técnicas para gerenciar sua incerteza nesse estágio.

Vivência do processo de pesquisa

Para o estudante, aprender o processo de busca de informações é tão importante quanto expandir seu conhecimento sobre determinado assunto. O processo de pesquisa consiste na concepção de ideias por meio de informações à medida que elas são localizadas, lidas e compreendidas. As ideias geradas com base em busca bibliográfica levam à necessidade de mais informações, continuamente, até que a busca seja concluída. Embora os estudantes possam se esquecer de muitos dos fatos encontrados em uma busca, os conceitos e as habilidades da coleta de informações costumam permanecer. A compreensão do processo de pesquisa permite que eles transfiram habilidades para outras situações de coleta de informações.

Uma maneira adequada de auxiliá-los a aprender como pesquisar é ajudá-los a se conscientizar do processo que estão iniciando tão logo o trabalho de pesquisa seja proposto. Eles precisam tornar-se conscientes dos próprios pensamentos e sentimentos ao longo do processo. Através do autoconhecimento, aprenderão a antecipar as reações que terão e a trabalhar sistematicamente em cada estágio, superando com mais confiança as dificuldades que encontrarem.

Criação da necessidade de informação

Em geral, as pessoas começam a buscar informações porque desejam saber mais sobre algo interessante ou problemático. Nesses casos, a motivação surge naturalmente a partir da própria experiência da pessoa. A ânsia por saber mais sobre algo e a sensação de que alguma informação significativa está faltando são chamadas de "necessidade de informação". Em uma sociedade baseada em informação, como a nossa, os estudantes devem tornar-se conscientes das próprias necessidades de informação e aprender formas de preencher as lacunas.

Um dos principais objetivos de trabalhos de pesquisa é criar situações nas quais os estudantes necessitem de informações de modo que aprendam como preencher as lacunas de informação com as quais se deparam em seu cotidiano. Esses trabalhos devem ser planejados para permitir que os estudantes aumentem seu conhecimento sobre um assunto e, além disso, tornem-se competentes em localizar e interpretar informações. Um objetivo subjacente é levar os estudantes a identificarem suas necessidades de informação.

Os múltiplos objetivos de trabalhos de pesquisa nem sempre estão claros para os estudantes. Ocorre que, ao propô-los, os professores frequentemente enfatizam os aspectos técnicos do trabalho escrito, como, por exemplo, a elaboração de referências e bibliografia, negligenciando o processo que os estudantes experimentarão. A maioria dos trabalhos de pesquisa dá mais atenção ao produto final, o trabalho escrito. Embora o produto final seja obviamente importante, deve-se dar igual atenção ao processo de pesquisa.

Divulgação dos resultados da pesquisa

O professor que propõe um trabalho de pesquisa é tradicionalmente o único público que o lê. Pode-se aumentar o interesse dos estudantes em fazer pesquisas ampliando-se esse público. A pesquisa torna-se uma atividade mais interessante quando eles sabem que outras pessoas vão assistir à apresentação dos resultados do trabalho.

Os professores têm condições de oferecer inúmeras possibilidades para que os estudantes compartilhem os resultados das pesquisas na escola e até fora dela. Os trabalhos escritos podem ser apresentados em classe e disponibilizados na biblioteca da escola para que outros os leiam. Listas de títulos e resumos dos trabalhos podem figurar no boletim da escola. É viável planejar um simpósio de pesquisa, no qual os estudantes possam compartilhar seus trabalhos com o corpo docente e outros estudantes interessados, além dos pais de alunos e da comunidade do bairro. Há possibilidade de ser realizadas competições de pesquisa em nível municipal e estadual, envolvendo trabalhos sobre datas comemorativas, tais como Dia do Trabalho ou Dia Nacional do Meio Ambiente. Organizações cívicas e empresas podem ser convidadas para patrocinar concursos sobre assuntos que sejam de seu interesse. Os estudantes podem ser estimulados a manter um portfólio de seus projetos de pesquisa para consultar e expandir no futuro. Devem também ser incentivados a doar, para o arquivo de recortes da biblioteca, cópias dos artigos de jornais, revistas e outros materiais que tiverem colecionado, de modo que outros estudantes possam beneficiar-se de sua pesquisa.

Uma estudante descreveu a ampla audiência de sua pesquisa e o desejo por um público ainda maior: "Algumas vezes você se sente realizado simplesmente porque realmente gosta daquilo que escreveu. Com frequência eu releio meu trabalho sobre pena de morte. Muitas pessoas leram esse trabalho. Eu o utilizei na nossa apresentação que simulava uma sessão do Congresso Nacional, como base para minha argumentação. Muitos professores o tinham lido. Pessoalmente, eu gostaria de fazer algo sobre o assunto, como conversar com nosso governador, uma vez que sou tão contra a pena de morte e fiz tanta pesquisa sobre isso. Me incomoda saber que meu trabalho permanece em casa, dentro de uma gaveta, sem fazer nada".

Existem muitas oportunidades para ampliação da audiência de uma pesquisa escolar. Quando professores e bibliotecários percebem essa necessidade, aproveitam oportunidades existentes e criam outras; os trabalhos podem adquirir novos significados para os estudantes.

Contextualização da pesquisa

Para produzir-se o contexto essencial à pesquisa, é necessário, obviamente, um assunto de conteúdo significativo. A busca de informações na biblioteca ou na internet sem um assunto interessante não é nada mais que um exercício vazio. Trabalhos de pesquisa bem-sucedidos combinam assunto com pesquisa e produto com processo. Para que ocorra uma pesquisa mais significativa, com aprendizagem duradoura, esses elementos não devem ser negligenciados.

Trabalhos de pesquisa devem ser planejados valendo-se de conteúdos de disciplinas do currículo. Um método adequado para gerar assuntos de pesquisa relacionados às disciplinas é propor os trabalhos no início do curso, de modo que os estudantes possam perceber assuntos potenciais de pesquisa no espaço das aulas ou durante as leituras que realizam ao longo do ano. Além disso, nas aulas, o professor pode destacar possíveis tópicos para investigação. Algumas das atividades neste capítulo auxiliam os estudantes a gerar tópicos de pesquisa relacionados às disciplinas.

Planejamento do projeto de pesquisa

Planejar um projeto de pesquisa constitui um desafio mesmo para professores experientes. Um projeto bem-sucedido cria necessidades informacionais que motivam os estudantes a buscar informações. Apesar de ser uma tarefa difícil, existem critérios básicos para o planejamento de propostas significativas de pesquisa.

Elementos do projeto de pesquisa

Em todos os projetos de pesquisa, são necessários três elementos. Primeiro, deve existir uma questão ou assunto que requeira informação não disponível no livro texto da disciplina. Segundo, os estudantes devem localizar e utilizar informações. Terceiro, os resultados devem ser apresentados para uma audiência.

O primeiro elemento, portanto, é que a questão levantada não possa ser inteiramente investigada e resolvida no âmbito do livro texto e das apostilas da disciplina. Quando um trabalho proposto sobre *O Guarani*, de José de Alencar, requer interpretações pessoais, não se trata de um trabalho de pesquisa; por outro lado, caso se proponha aos estudantes buscar interpretações de crítica literária, converte-se em pesquisa. O trabalho de pesquisa leva os estudantes a material que amplia e aperfeiçoa a aprendizagem em sala de aula.

O segundo elemento de um projeto de pesquisa requer que os estudantes localizem e usem fontes de informação. Eles podem até obter informações através de observações e entrevistas, mas, para que o trabalho seja considerado pesquisa, devem utilizar informações coletadas em fontes de informação. Ocasionalmente, o estudante poderá localizar informações de determinado material, como, por exemplo, um livro indicado pelos pais ou um artigo de revista recomendado pelo professor. Mas propor um trabalho completo de pesquisa envolvendo apenas tal material reunido aleatoriamente empobreceria o resultado. O projeto de pesquisa deve ser planejado de modo que possam localizar a maioria, senão todas as informações necessárias, no acervo da biblioteca ou acessando outras fontes, como a internet.

O terceiro elemento é a exigência de apresentação dos resultados. O trabalho escrito é a forma mais comum de se apresentar os resultados da pesquisa e é um tipo de apresentação que pode ser solicitado em qualquer disciplina do currículo. Trata-se de uma compilação escrita das informações coletadas de diversos tipos de material consultado, organizada de forma a descrever a perspectiva ou o foco escolhido para pesquisar. A perspectiva individual ou foco é o ponto-chave que diferencia um trabalho formal de um simples relatório. O trabalho escrito deve ser apresentado em formato específico, conforme descrito em um manual de normalização (uma lista de manuais recomendados encontra-se na página 121).

A pesquisa não culmina necessariamente com a produção do trabalho escrito. Existem inúmeros tipos de apresentação, variando do informal ao formal e do simples ao complexo. Os resultados da pesquisa podem ser apresentados oralmente, através de debates ou discussões; visualmente, por meio de pôsteres, painéis, cartazes ou boletins; ou em formatos audiovisuais, utilizando ensaios fotográficos, apresentações de slides, *powerpoint*, videoteipes e filmes.

Os estudantes podem vivenciar o processo de pesquisa em todos os trabalhos, incluindo aqueles que resultem em apresentações menos complexas. No entanto, o trabalho escrito normalmente assegura que eles se empenharão ao longo do processo, em toda a sua completude.

Este livro apresenta o processo de pesquisa por completo, como vivenciado na tarefa de produção de um trabalho escrito. Esse processo envolve iniciar a tarefa, selecionar o assunto, explorar informação buscando o foco, defini-lo, coletar informação sobre ele, apresentar o trabalho e avaliar os resultados.

Estruturação dos trabalhos de pesquisa

Os trabalhos de pesquisa podem ser estruturados de diversas formas, alternando-se de formais a informais, com variações entre os extremos. Trabalhos formais possuem requisitos explícitos e detalhados e requerem coleta de informações durante um período de tempo extenso, além de apresentação escrita com citações e referências bibliográficas. Já os informais podem ser completados em uma única visita à biblioteca e em geral são apresentados oralmente.

O grau de estruturação dos trabalhos é indicado pelo nível de direcionamento dado pelo professor. Trabalhos com grau elevado de estruturação levam os estudantes a investigar assuntos específicos dentro dos limites das exigências feitas. Para entender os graus de estruturação do trabalho, devem-se considerar as várias formas como os assuntos de pesquisa são propostos. Em um trabalho altamente estruturado, pode-se atribuir um assunto diferente para cada estudante, e naquele com menor estruturação, oferecer uma lista de alternativas para escolherem livremente. A estruturação também se revela por meio das orientações dadas sobre detalhes do trabalho: a quantidade e os tipos de material a ser utilizados, a forma de se fazer as referências bibliográficas, o formato da apresentação e outras especificações.

Os estudantes precisam realizar diferentes tipos de trabalho de pesquisa, e a combinação de trabalhos formais e informais ajuda-os a reconhecer a variedade de suas necessidades de informação. Os trabalhos informais assemelham-se às necessidades de informações espontâneas e corriqueiras que ocorrem na vida de cada estudante. Já aqueles mais formais, que levam os estudantes através dos passos progressivos de reunir e sintetizar ideias com base em informações de diferentes tipos de material, são similares às pesquisas acadêmicas ou àquelas relacionadas à vida profissional.

A experiência com trabalhos de pesquisa mais e menos estruturados auxilia os estudantes a perceberem e a responderem a um espectro de necessidades de informação. Ao planejar um trabalho de pesquisa, as perguntas preliminares mais importantes a se fazer são: quão formal ou informal o trabalho deverá ser?

Que grau de orientação será dado aos estudantes em relação ao nível de estruturação do trabalho? Que outros tipos de trabalhos de pesquisa os estudantes estão recebendo de outros professores?

Motivação e interesse dos estudantes

Um fator importante no planejamento do trabalho de pesquisa é a motivação dos estudantes. A avaliação e a atribuição de nota para motivá-los a pesquisar podem ser levadas em conta, mas devem ser considerados sobretudo os fatores de motivação interna. Como um trabalho pode ser planejado, despertando o interesse dos estudantes em se ocupar da tarefa?

Aparentemente, essa pode parecer uma questão simples já que, de modo geral, os estudantes são motivados por assuntos que possuem significado e interesse para eles. Por essa razão, é plausível pensar que, se tiverem liberdade para escolher qualquer assunto que lhes interesse, estarão devidamente motivados; em outras palavras, quanto menos interferência, melhor. Na prática, entretanto, motivar os estudantes a pesquisar não é simples. Algumas vezes trabalhos muito estruturados atraem seu interesse, ao passo que os pouco estruturados podem deixá-los desorientados. Raramente os estudantes reagem todos da mesma forma a determinado trabalho; pode-se até afirmar que um mesmo estudante receberá a mesma proposta de pesquisa com diferentes graus de interesse se ela lhe for oferecida em diferentes ocasiões.

Os estudantes aprendem construindo a partir daquilo que já conhecem. A utilização que fazem de conhecimentos prévios como base para a pesquisa pode ser bastante sutil: parece que estão escolhendo algo a respeito de que não sabem nada, mas, examinando-se cuidadosamente, os assuntos por eles selecionados têm origem em conhecimentos anteriores, não importa quão vagos ou errôneos sejam.

A questão da motivação parece centrar-se no fato de os estudantes relacionarem o trabalho a uma necessidade pessoal de informação ou, por outro lado, simplesmente considerá-lo como algo que deve ser feito para cumprir uma exigência do professor. Os trabalhos mais bem-sucedidos e significativos são aqueles em que os estudantes escolhem um assunto que provoque seu interesse.

Características dos estudantes envolvidos no processo de pesquisa

No planejamento de um trabalho de pesquisa, as características dos estudantes, suas habilidades e experiências devem ser levadas em conta. Trabalhos de pesquisa não deveriam restringir-se a estudantes dos níveis mais adiantados; todos podem e devem receber esse tipo de trabalho. No entanto, os trabalhos devem ser planejados sob medida, considerando-se a habilidade, a experiência e o interesse de cada estudante. Por exemplo, uma tarefa para estudantes com limitada experiência anterior de pesquisa e pouca habilidade na busca de informações pode ser a seguinte: localizar, através de um índice de revista, tal como o *Superarquivo* da revista *Superinteressante*,[4] três artigos sobre determinado fato, lê-los cuidadosamente e preparar-se para relatar a ideia central de cada um. Em outro trabalho, os estudantes podem listar as informações comuns e aquelas que são diferentes em cada artigo.

Convite à pesquisa

O trabalho de pesquisa deve ser precedido por um convite e ser proposto pelo professor de maneira estimuladora, oferecendo-se alternativas para que os estudantes possam escolher. Pode-se encorajá-los a começar a visualizar possibilidades de pesquisa e a antecipar a exploração de diferentes opções.

No início da pesquisa, os estudantes devem ter expectativa de que vão aprender algo novo e não apenas procurar atender às exigências do professor. Ao perceberem um clima motivador, eles costumam demonstrar que desejam aprender e querem procurar informações que os ajudem na aprendizagem.

A ausência de um clima de motivação resulta no desinteresse, na resistência, na resignação ou na impaciência por parte dos estudantes. Pode não ser possível manter o clima motivador ao

---

[4] Informações para localizar os exemplos de publicações e *sites* estão no ANEXO 2.

longo de todo o processo de pesquisa, uma vez que existem altos e baixos naturais em alguns dos estágios. No entanto, é importante estimular tal clima no princípio.

Quando o trabalho é proposto, a entonação utilizada influencia significativamente a disposição com que os estudantes assumem a tarefa. Por exemplo, um professor que, ao propor um trabalho de pesquisa, começa descrevendo em detalhes aspectos técnicos de referências bibliográficas desvia a atenção do estudante daquilo que a busca de informações possui de desafio e de interessante. Efeito semelhante ocorre quando o bibliotecário descreve todas as fontes de possível valor para o trabalho proposto. Tais detalhes podem ser introduzidos no estágio apropriado do processo de pesquisa.

Todo trabalho deve oferecer oportunidade para os estudantes selecionarem assuntos de algum interesse pessoal. Isso não significa que todos devam ser pouco estruturados, mas em todos deve haver algo que atraia seu interesse pessoal.

No início do trabalho, deve-se enfatizar para os estudantes a importância de que se lembrem do que já aprenderam e o que lhes interessou dentro do conteúdo de outras disciplinas. Eles devem ser encorajados a avançar e a ampliar aquilo que já conhecem. As atividades deste capítulo incluem exemplos de trabalhos sobre três assuntos diferentes. Esses exemplos foram planejados para permitir que os estudantes selecionassem uma área de interesse pessoal de pesquisa, dentro do conteúdo da disciplina em questão.

É importante que os estudantes percebam que suas ideias e pensamentos vão evoluir ao longo do processo de pesquisa. Muitas de suas ideias e pensamentos são altamente individuais, sendo provável, portanto, que duas pessoas possuam perspectivas bastante diferentes sobre o mesmo assunto. Nesse estágio, os estudantes devem ser estimulados a manter a mente e os pensamentos abertos; eles têm que levar em consideração tantas possibilidades quantas possam elaborar. Explique que o desenvolvimento das ideias leva tempo e que boas ideias derivam de pensamento, reflexão, investigação, discussão e decisão. Muitos estudantes possuem a falsa expectativa de que o assunto perfeito vai-lhes surgir de imediato à mente e ficam frustrados e excessivamente aflitos se isso não ocorre. É natural estar apreensivo no início.

Uma estudante descreveu assim sua dificuldade em pensar sobre assuntos de pesquisa: "Na sexta série nos ensinam a escolher nosso assunto imediatamente ou nos dão um assunto, e a gente começa tomando notas. Parecia que eu nunca acompanhava o resto de minha turma porque sempre me sentia confusa. Eu ainda estava me debatendo se seria esta ou aquela a ideia correta. Não acho que logo no início os professores nos deixam ser suficientemente criativos".

Os estudantes devem aprender a tolerar alguma incerteza, de modo que possam prosseguir com a tarefa de identificar assuntos potenciais de pesquisa, relaxando, sendo pacientes e trabalhando suas ideias calmamente. As ideias precisam ser nutridas, e as informações fornecem o alimento; tudo isso leva tempo.

Papel da biblioteca

O início de uma proposta de pesquisa acontece geralmente fora da biblioteca, quando o professor anuncia o trabalho na sala de aula. Espera-se que, depois, ao chegarem à biblioteca, os estudantes possuam uma ideia relativamente clara dos assuntos que desejam pesquisar. No entanto, um olhar mais detalhado para o primeiro estágio do processo de pesquisa revela que a conexão com o acervo da biblioteca e o contato com o bibliotecário auxiliam os estudantes a selecionar assuntos viáveis.

Quando a biblioteca está envolvida na proposta, os estudantes têm maior probabilidade de pensar o trabalho em relação ao acervo. À medida que se preparam para selecionar o assunto, tendem a refletir tanto sobre a variedade de fontes de informação quanto sobre a limitação de informações disponíveis. Começam a conceber suas questões de pesquisa em termos daquilo que pode ser encontrado no acervo. Por exemplo, podem evitar a frustração de selecionar assuntos que sejam muito personalizados ou específicos, tal como "o significado do meu sonho". Também podem evitar assuntos genéricos, tais como ecologia, Segunda Guerra Mundial ou religiões orientais, que são muito amplos, mesmo como assunto inicial.

Planejamento conjunto

O professor pode planejar um trabalho de pesquisa dentro do escopo do acervo da biblioteca conversando com o bibliotecário. Em muitos casos, o professor, ao propor o trabalho, pode não ter familiaridade com as fontes de informação relacionadas ao assunto. Ele não precisa conhecer todas as fontes de informação específicas relativas ao trabalho, mas é essencial que possua consciência da complexidade da tarefa que está propondo. O professor, como especialista da área, determina o assunto que será coberto no trabalho de pesquisa. O bibliotecário torna-se, então, um valioso aliado do professor, por conhecer fontes específicas que se relacionam ao trabalho, por ter conhecimento de dificuldades que os estudantes tiveram em outros trabalhos e por entender o modo como as informações estão organizadas e podem ser acessadas.

Uma vez elaborado o plano de trabalho, torna-se possível estimar expectativas realistas. Os estudantes devem então ser alertados de que a tarefa apresentará dificuldades; podem ser tranquilizados e receber sugestões úteis. Propor um trabalho complexo como se fosse fácil ou sugerir que só um tolo se sentiria perdido é injusto e enganoso. Quando as propostas de pesquisa são feitas na perspectiva de acervos organizados, as expectativas dos alunos são mais realistas.

Qualquer bibliotecário escolar já experimentou a frustração de um projeto de pesquisa feito sem seu conhecimento prévio. Os estudantes chegam à biblioteca com expectativas irreais e despreparados e, normalmente, saem desapontados. O bibliotecário precisa estar envolvido no planejamento do trabalho para garantir uma verdadeira parceria desde o princípio.

No estágio inicial do processo, o objetivo é permitir que os estudantes se preparem para a tarefa de selecionar o assunto, entendendo a proposta em termos da organização da informação no acervo da biblioteca e nas fontes de informação. As atividades que se seguem guiarão os estudantes através do estágio inicial, oferecendo-lhes formas de desenvolver ideias sobre assuntos a serem pesquisados e de compreender o processo de pesquisa.

Atividades

▶▶Atividade 1-1 – Convite à pesquisa

O objetivo desta atividade é começar o trabalho de pesquisa em tom estimulador, preparando os estudantes para escolher assuntos de seu interesse pessoal valendo-se do conteúdo da disciplina. Anúncios sobre a realização do trabalho já devem ter sido feitos com pelo menos um mês de antecedência.

Duração
- 20 minutos.

Conduzida por
- Professor e bibliotecário.

Material
- Instruções para o trabalho de pesquisa.

Preparação
Prepare as instruções para o trabalho de pesquisa a ser distribuídas a cada estudante, descrevendo a tarefa. Veja exemplos de Biologia,[5] Língua Portuguesa[6] e História do Brasil, ao final dessa atividade. É bom oferecer essas opções, a partir das quais os estudantes podem escolher o assunto. Evite descrever detalhes sobre os aspectos técnicos do trabalho escrito, tais como forma de citação e de referências bibliográficas, que serão introduzidas posteriormente. Ao contrário, concentre a atenção dos estudantes na geração de possíveis assuntos que possam ser investigados.

Nota
Proponha a tarefa oralmente e por escrito. As instruções escritas proporcionam aos estudantes orientações que podem ser consultadas e sobre as quais eles podem refletir durante e após a atividade.

---

[5] O exemplo do original foi uma cortesia de Shirley Read, da Escola de East Brunswick, Nova Jersey, EUA.

[6] O exemplo do original foi uma cortesia de John B. Pember, da Escola de East Brunswick, Nova Jersey, EUA.

Instruções

Anúncio prévio – no início do ano ou semestre letivo, avise que uma das exigências da disciplina será um trabalho escrito. Sugira que os estudantes estejam atentos – em suas leituras e durante as aulas – a temas nos quais gostariam de se aprofundar. Recomende que registrem possíveis assuntos à margem das anotações que fazem em sala de aula ou durante suas leituras. Aconselhe-os a manter uma lista desses assuntos no caderno. À medida que a disciplina se desenvolve, chame a atenção dos alunos para possíveis assuntos de pesquisa encontrados ao longo dos estudos. Explique que assuntos passíveis de pesquisa são os de textos didáticos ou aqueles discutidos em classe e que possam ser extensamente estudados por meio de pesquisa. Por exemplo, durante a leitura de Euclides da Cunha, você pode sugerir que Canudos possa ser um assunto interessante, ou no estudo do movimento abolicionista, você pode recomendar pesquisa mais aprofundada sobre Castro Alves. Alerte também os estudantes para ficarem atentos a possíveis assuntos de pesquisa em jornais, revistas, televisão, rádio e internet. Distribua, nesse momento, o *Exercício 1 – Lista de possíveis assuntos de pesquisa* e o *Exercício 2 – Ideias para o assunto de pesquisa*.

Trabalho de pesquisa

No dia escolhido para propor o trabalho de pesquisa, distribua as instruções que descrevem a tarefa (veja os três exemplos já mencionados). Anuncie a data de entrega, concedendo entre quatro a seis semanas para o término da pesquisa e a elaboração do trabalho escrito. Leia as instruções em voz alta. Permita que os estudantes façam perguntas sobre o trabalho. Minimize questões que recaiam em aspectos técnicos de redação. Por exemplo, deixe para depois os esclarecimentos detalhados sobre citações, bibliografia, anotações e resumo, explicando que esses itens serão discutidos à medida que se tornarem necessários durante o processo. Enfatize pontos que levem os estudantes a refletir sobre possíveis assuntos para pesquisa.

Explique que a primeira tarefa é pensar em possíveis assuntos de pesquisa. Dê tempo para consultarem as anotações e reverem as listas de prováveis temas que tenham anotado. Se você preferir fornecer uma lista de assuntos recomendados, faça com que eles analisem a lista e marquem aqueles que forem de seu interesse.

O *Exercício 2 – Ideias para o assunto de pesquisa* pode ser usado para gerar assuntos de pesquisa com base no conteúdo programático da disciplina. As instruções estimulam ideias e centram o pensamento na identificação de possíveis assuntos de pesquisa. Você pode sugerir aos alunos que:

1. Pensem no que já foi estudado na disciplina e escrevam as várias ideias que lhes ocorram de imediato à mente.

2. Folheiem o livro texto, buscando anotações que tenham feito sobre esses assuntos e leiam cuidadosamente as passagens relevantes.

3. Pensem em questões a que não possam responder sem pesquisar.

Uma vez que os estudantes tenham começado esse exercício em classe, podem completá-lo por conta própria.

Acompanhamento

Desenvolva em seguida a *Atividade 1-2 – Brainstorming e discussão*. Embora trabalhos de pesquisa variem de acordo com o conteúdo da disciplina e com determinados objetivos de aprendizagem, o tom de estímulo deve estar presente no início de todos eles. Adapte as instruções dessa atividade geradora de assunto para se adequarem à tarefa específica que você está propondo.

Exemplo de folha de instruções

Nome: _____
Data: _____

Instruções para o trabalho de pesquisa (Biologia)

Escolha um:

1. estudo sobre um geneticista
   a. levante informações biográficas
   b. pesquise livros e artigos que ele escreveu
   c. descreva experiências que ele realizou

2. execução e análise de uma experiência que lida com fotossíntese
   a. escolha um cientista
   b. escolha uma experiência realizada
   c. realize a experiência, colete e registre todos os dados e analise os resultados
   d. pesquise como essa experiência ajudou os cientistas a ampliar o conhecimento e a compreender a fotossíntese

3. análise comparativa sobre a origem da vida: evolucionismo versus criacionismo
   a. nomeie os partidários de cada teoria
   b. descreva experiências realizadas por eles
   c. descreva teorias sobre a origem da vida (cite experiências e pesquisas)

4. pesquisa sobre os efeitos da energia nuclear na molécula de DNA e nas futuras gerações de seres humanos

5. análise de resultados laboratoriais sobre pressão sanguínea, índice coronário ou respiração
   a. pesquise os efeitos de exercícios, fumo, gênero, idade, etc.
   b. utilize resultados de pesquisas de laboratório
   c. descreva formas de proteger os sistemas circulatório e respiratório e de mantê-los saudáveis

6. pesquisa sobre as possíveis causas de um tipo de câncer
   a. escolha um sistema e um órgão do corpo humano
   b. descreva possíveis fatores genéticos e ambientais que possam causar câncer
   c. descreva possíveis ações preventivas para o câncer

7. pesquisa sobre o que é inteligência (hereditária e/ou controlada pelo ambiente)

8. um assunto escolhido por você (sujeito a aprovação)

Tamanho: 5 a 8 páginas, mais Referências

Exemplo de folha de instruções

Nome: _____

Data: _____

Instruções para o trabalho de pesquisa (Língua Portuguesa)

Escolha um:

1. estudo aprofundado de um autor favorito
   a. informações biográficas (focalize nos aspectos da história da vida do autor que se relacionem à sua obra)
   b. discussão de livros do autor à sua escolha
   c. temas recorrentes, estilo, etc. (use livros de crítica literária no primeiro momento da pesquisa e, posteriormente, desenvolva as próprias conclusões)

2. um gênero literário (o conto, o romance policial, etc.)

3. estudo aprofundado de seu livro ou livros preferidos, usando principalmente critérios da crítica literária

4. um momento histórico-literário (Semana de Arte Moderna: principais participantes e obras; a censura cultural sob o AI-5; ciclo da cana-de-açúcar na literatura; etc.)

5. estudo comparativo de autores, obras de determinada escola literária, literatura nacional, etc.

6. estudo de uma filosofia do ponto de vista literário

7. um assunto escolhido por você (sujeito a aprovação)

Tamanho: 8 a 10 páginas, mais Referências

Exemplo de folha de instruções

Nome: _____
Data: _____

Instruções para o trabalho de pesquisa (História do Brasil)

Escolha um:

1. estudo aprofundado de uma figura histórica à sua escolha
   a. informação biográfica
   b. discussão de contribuições, influência, etc.

2. estudo de uma tendência ou movimento (imigrantes nos séculos XIX e XX, movimentos de excluídos sociais: sem-terra, imigrantes ilegais; trabalho infantil, etc.)
   a. origem
   b. desenvolvimento
   c. efeitos ou resultados (use fontes de informação primeiro, para depois tirar as próprias conclusões)

3. estudo aprofundado de um evento (assinatura da Lei Áurea, Proclamação da República, Golpe Militar de 1964, mudança da Capital Federal, etc.)
   a. causas
   b. descrição
   c. resultados, significado e impacto na História (use fontes de informação em vez das próprias observações para que possa tirar as próprias conclusões)

4. estudo comparativo (dois lados de um assunto controverso, ou comparação de personalidades diferentes, tendências, eventos, etc.)

5. um assunto escolhido por você (sujeito a aprovação)

Tamanho: 5 a 8 páginas, mais Referências

Exercício 1 da Atividade 1-1

Nome: _____
Data: _____

Lista de possíveis assuntos de pesquisa

O trabalho de pesquisa é uma das atividades que serão desenvolvidas durante o período letivo. À medida que você lê e participa das aulas e das discussões, mantenha uma lista dos assuntos a respeito dos quais gostaria de conhecer mais. Esses serão possíveis temas que você deverá considerar quando for selecionar o assunto para seu trabalho de pesquisa. Mantenha essa lista em seu caderno e acrescente possíveis assuntos à medida que os for encontrando.

Assuntos sobre os quais você gostaria de saber mais.

1. _____
   _____
2. _____
   _____
3. _____
   _____
4. _____
   _____
5. _____
   _____
6. _____
   _____
7. _____
   _____
8. _____
   _____
9. _____
   _____
10. _____
    _____

Exercício 2 da Atividade 1-1

Nome: _____
Data: _____

Ideias para o assunto de pesquisa

A. Pense no que já foi estudado na disciplina. Liste alguns assuntos que lhe ocorram de imediato à mente.

1.

2.

3.

4.

5.

B. Folheie seu livro texto e suas anotações buscando trechos sobre os assuntos que você listou. Releia as informações que encontrar.

C. Para cada assunto, pense em uma questão a que você não possa responder sem pesquisar mais. Anote as questões abaixo dos assuntos listados.

▸▸Atividade 1-2 – *Brainstorming* e discussão

Uma das principais estratégias que os estudantes utilizam para selecionar assuntos é conversar e discutir possíveis escolhas. Esta atividade permite que os estudantes gerem, clareiem e compartilhem ideias sobre assuntos de pesquisa.

Duração
- Um horário de aula.

Conduzida por
- Professor e bibliotecário.

Material
- Quadro-negro.

Preparação
A *Atividade 1-1 – Convite à pesquisa* deve preceder esta atividade.

Instruções
Pergunte aos estudantes se eles têm dúvidas sobre o trabalho, agora que tiveram tempo para refletir sobre ele. Nesse ponto, eles devem ter uma compreensão geral do trabalho de pesquisa, mas não precisam estar demasiadamente preocupados com detalhes. Os estudantes devem saber:

1. Se estão preparados para selecionar o assunto.
2. O escopo do trabalho, incluindo o tamanho aproximado do trabalho escrito.
3. Como o trabalho deve ser apresentado.

Conduza uma sessão de *brainstorming* para gerar ideias sobre possíveis assuntos de pesquisa. Para iniciar, você pode lembrar aos estudantes que tiveram tempo para pensar em assuntos sobre os quais gostariam de pesquisar. Convide-os a falar sobre isso, listando-os no quadro à medida que os estudantes os forem nomeando.

Divida a classe em grupos de quatro ou cinco. Instrua-os a discutir os assuntos em que cada um está interessado. Oriente-os a:

1. Dizer o que já conhecem sobre os assuntos de pesquisa nos quais estão interessados.
2. Explicar o que gostariam de descobrir sobre esses temas.

3. Fazer perguntas e oferecer sugestões sobre os assuntos descritos pelos colegas.

Dê aproximadamente 15 minutos para discussão em grupo. Movimente-se na sala de modo a passar um tempo com cada grupo, orientando quando necessário.

Reúna a turma toda. Sugira que comecem a ler sobre assuntos nos quais estejam interessados, de modo a se prepararem para escolher um para pesquisar. Oriente os estudantes a não escolherem o assunto de forma definitiva antes de terem feito leituras preliminares. Esclareça que começarão a pesquisa dentro de poucos dias e, até lá, devem fazer leituras por conta própria. Enciclopédias são uma das melhores fontes para ser usadas neste estágio, mas eles podem também querer verificar o que existe na biblioteca e na internet.

Acompanhamento

Durante as aulas seguintes, relembre brevemente aos estudantes que eles devem continuar pensando e lendo sobre possíveis assuntos.

Variação

As formas de geração de assuntos para tarefas de pesquisa variam. Adapte a *Atividade 1-2* para se adequar à maneira que você estruturou o trabalho e que deseja que os estudantes selecionem os assuntos. Neste estágio, eles devem estar procurando um assunto que seja de seu interesse e com o qual tenham alguma familiaridade, para que possam desenvolver o trabalho.

▶▶Atividade 1-3 – Uso do diário

Escrever auxilia os estudantes a formular ideias. A utilização de um diário durante o trabalho de pesquisa permite que eles usem a escrita para clarear os pensamentos. Diários também os ajudam a tornarem-se conscientes do processo que estão experimentando na pesquisa.

Duração
- 20 minutos (as anotações no diário poderão ser feitas pelos estudantes fora do horário de aula).

Conduzida por
- Professor ou bibliotecário.

Material
- Um caderno para cada estudante.

Preparação

Faça cópias do *Exercício Instruções sobre o diário*, para os estudantes manterem na capa dos diários. Aqueles que já tenham familiaridade com diários haverão de se acostumar rapidamente a utilizá-los para anotar dados da pesquisa. Aqueles que nunca mantiveram diários anteriormente necessitarão de instruções mais detalhadas.

Observação

As instruções gerais para manutenção de um diário durante a pesquisa permanecem as mesmas durante todo o processo. Em cada estágio, no entanto, serão dadas instruções específicas para auxiliar os estudantes na parte do processo que estão vivenciando.

Instruções

Informe aos estudantes que eles vão manter um diário sobre seu progresso na pesquisa. Diga-lhes também que o registro contínuo de suas ideias e ações enquanto trabalham auxilia a clarear o pensamento e é especialmente útil no início da pesquisa. Considere que é importante fazer anotações nos diários todos os dias, lembrando que pode haver dias em que eles pensarão não ter nada para escrever, mas uma vez que iniciem, as ideias tendem a fluir.

As seguintes instruções para escrever o diário são específicas para a tarefa do estágio inicial de pesquisa. Peça aos estudantes para:

1. Descrever brevemente o trabalho de pesquisa.
2. Listar todos os assuntos possíveis nos quais estejam pensando.
3. Escrever o que já sabem sobre cada um dos possíveis assuntos.
4. Anotar outras informações que tenham encontrado em leituras iniciais sobre os assuntos.
5. Listar o material que consultaram.
6. Escrever perguntas sobre cada assunto.
7. Descrever as conversas que tiveram sobre o trabalho.

Esclareça que podem, se quiserem, incluir seus sentimentos sobre o trabalho. Acrescente que devem ser tão abrangentes quanto possível e fazer anotações em seus diários todos os dias. Distribua cópias do *Exercício Instruções sobre o diário*.

Acompanhamento

Recolha os diários uma vez por semana. Escreva comentários breves e pertinentes nas margens. Faça esses comentários de forma estimuladora e evite ser excessivamente crítico ou direto. Em cada estágio do processo, altere as instruções para adequarem-se à tarefa em que os estudantes estiverem trabalhando.

Exercício da Atividade 1-3

Nome: _____
Data: _____

Instruções sobre o diário

Você precisará de um caderno para registrar o progresso de sua pesquisa. Reserve de 10 a 15 minutos por dia para fazer anotações em seu diário de pesquisa. Coloque a data de cada anotação. Elas podem incluir:

1. Quais são seus pensamentos, dúvidas e entendimento sobre seu assunto de pesquisa?

2. Que ações você executou?
   Que material utilizou?
   Com quem conversou?
   Que outras estratégias utilizou? (Um bom exemplo é elaborar uma lista de ideias e fatos)

3. Que sentimentos você está vivenciando?

4. O que planeja fazer em seguida?

O diário será recolhido periodicamente e devolvido no dia seguinte. É considerado parte da pesquisa e deve ser entregue junto com o trabalho escrito.

▶▶ Atividade 1-4 – Linha do tempo do processo de pesquisa

O objetivo desta atividade é apresentar os diferentes estágios que podem ser vivenciados pelos estudantes no processo de pesquisa. Todos os estágios são brevemente descritos para auxiliá-los a visualizar o processo como um todo.

Duração
- 20 minutos.

Conduzida por
- Professor ou bibliotecário.

Material
- Quadro-negro.

Instruções

Explique aos estudantes que, enquanto coletam informações e pensam sobre os assuntos de pesquisa, eles progredirão ao longo de diferentes estágios. Desenhe uma linha de aproximadamente 60 cm ao longo do quadro-negro. Comunique que os estágios do processo de pesquisa podem ser representados em uma linha do tempo, descrevendo cada passo.

1. Mostre que inicialmente eles recebem a tarefa de pesquisa.

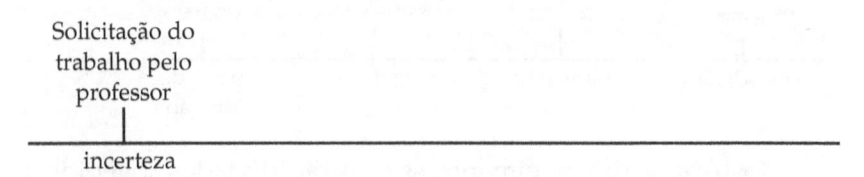

```
Solicitação do
trabalho pelo
  professor
      |
_____|_____
   incerteza
```

Em seguida, vão pensar sobre a tarefa e considerar diversos assuntos possíveis, podendo, nesse momento, sentir incerteza e ansiedade.

2. Diga que depois eles refletirão sobre assuntos possíveis e selecionarão um para pesquisar.

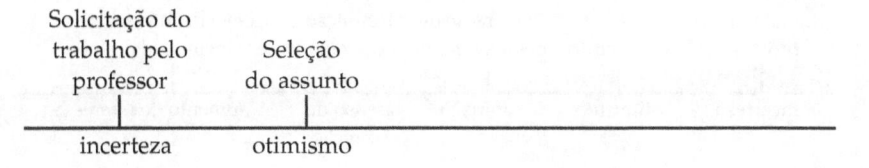

```
Solicitação do
trabalho pelo      Seleção
  professor       do assunto
      |               |
_____|_____|_____
   incerteza       otimismo
```

Explique que, após terem selecionado o assunto, provavelmente eles se sentirão aliviados e até satisfeitos.

3. Em seguida, começam a explorar informações e ler sobre o assunto geral, procurando um foco.

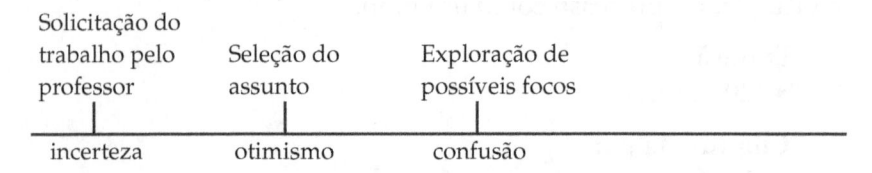

Solicitação do trabalho pelo professor	Seleção do assunto	Exploração de possíveis focos
incerteza	otimismo	confusão

Diga que, à medida que leem sobre o assunto e começam a perceber quanta coisa existe para aprender, podem ficar mais confusos e apreensivos. Provavelmente hesitarão entre diferentes aspectos do assunto que poderiam ser utilizados como foco da pesquisa. Esclareça que, nessa etapa, é comum as pessoas se sentirem desencorajadas e desejarem mudar o assunto.

4. Explique que, quando as diferentes maneiras de focalizar o assunto se tornarem mais claras, eles escolherão um foco para nele se concentrar.

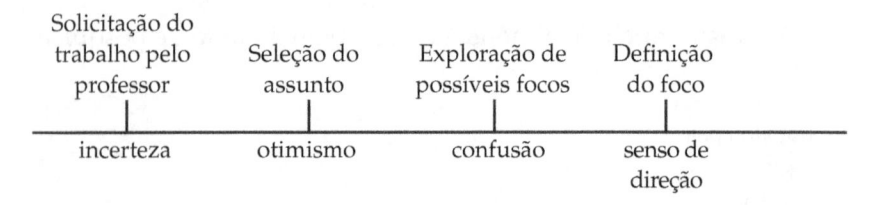

Solicitação do trabalho pelo professor	Seleção do assunto	Exploração de possíveis focos	Definição do foco
incerteza	otimismo	confusão	senso de direção

Mostre que, provavelmente, se sentirão aliviados ao ter ideia mais clara daquilo que estão fazendo.

5. Diga que, em seguida, eles coletam informações sobre o foco, tomando notas e mantendo o registro do material que utilizam.

Solicitação do trabalho pelo professor	Seleção do assunto	Exploração de possíveis focos	Definição do foco	Coleta de informações e refinamento do foco
incerteza	otimismo	confusão	senso de direção	aumento de interesse

É provável que o interesse aumente à medida que leem e coletam informações sobre o foco.

6. Afirme que, quando tiverem informações suficientes para fundamentar o foco e o material que estiverem consultando começar a repetir informações que já tenham reunido, é sinal que completaram a busca e estão prontos para organizar as informações para ser apresentadas.

Solicitação do trabalho pelo professor	Seleção do assunto	Exploração de possíveis focos	Definição do foco	Coleta de informações e refinamento do foco	Preparação do trabalho escrito
incerteza	otimismo	confusão	senso de direção	aumento de interesse	satisfação ou sensação de que falta alguma coisa

Esclareça que, nesse ponto, a maioria dos estudantes experimenta sensação de realização e satisfação. No entanto, eles podem ter a sensação de que alguma coisa esteja faltando e desejar recomeçar a busca ou, por outro lado, decidir deixar para pesquisar mais, futuramente, quando forem realizar outros projetos de pesquisa.

Faça com que os estudantes percebam onde se encontram na linha do tempo do processo de pesquisa. Ajude-os a entender que podem estar vivenciando incertezas e ficar ansiosos sobre o trabalho. Esclareça que esse sentimento é comum, e que a melhor maneira de se trabalhar ao longo desse estágio é identificar diferentes assuntos que gostariam de pesquisar e começar a ler sobre eles. Distribua cópias do *Exercício Questões para ajudar na seleção do assunto*.

Acompanhamento

Enquanto os estudantes estiverem pesquisando, chame a atenção diversas vezes para a linha do tempo. A cada vez, faça com que identifiquem onde se encontram no processo e observem os sentimentos considerados normais nesse estágio.

Quadro 1 - Linha do tempo do processo de pesquisa

Estágios	Solicitação do trabalho pelo professor	Seleção do assunto	Exploração de possíveis focos	Definição do foco	Coleta de informações e refinamento do foco	Preparação do trabalho escrito
Sentimentos	Incerteza	Otimismo	Confusão/ frustração/ dúvida	Clareza	Senso de direção / confiança	Alívio / sensação de satisfação ou insatisfação
Pensamentos		Ambiguidade			Especificidade Aumento de interesse	
Ações	Busca por informações relevantes			Busca por informações pertinentes		

Exercício da Atividade 1-4

Nome: _____

Data: _____

Questões para ajudar na seleção do assunto

1. Que assunto lhe interessa?

2. O que você já sabe sobre o assunto?

3. O que você gostaria de aprender sobre o assunto?

▶▶ Atividade 1-5 – Fluxograma do processo de pesquisa

Esta atividade descreve os passos da pesquisa, que começa com a solicitação da tarefa e termina com a redação do trabalho. O fluxograma é utilizado para auxiliar os estudantes a visualizarem o processo como um todo.

Duração
- 15 minutos.

Conduzida por
- Professor ou bibliotecário.

Material
- Cópias do Fluxograma.

Instruções

Explique aos estudantes que, dependendo das tarefas da pesquisa, existe material que lhes será particularmente útil. Esclareça que o fluxograma descreve as tarefas em que eles estarão envolvidos e sugira fontes de informação que lhes serão úteis.

Distribua cópia do Fluxograma (Quadro 2) para todos os estudantes e leia cada passo. Explique que você vai ajudá-los a usar as fontes de informação passo a passo, à medida que forem trabalhando ao longo do processo de pesquisa.

Recomende que mantenham o fluxograma nos diários e recorram a ele quando estiverem pesquisando.

Acompanhamento

Lembre aos estudantes para recorrerem ao Fluxograma nos estágios apropriados do processo de pesquisa.

Quadro 2 - Fluxograma do processo de pesquisa

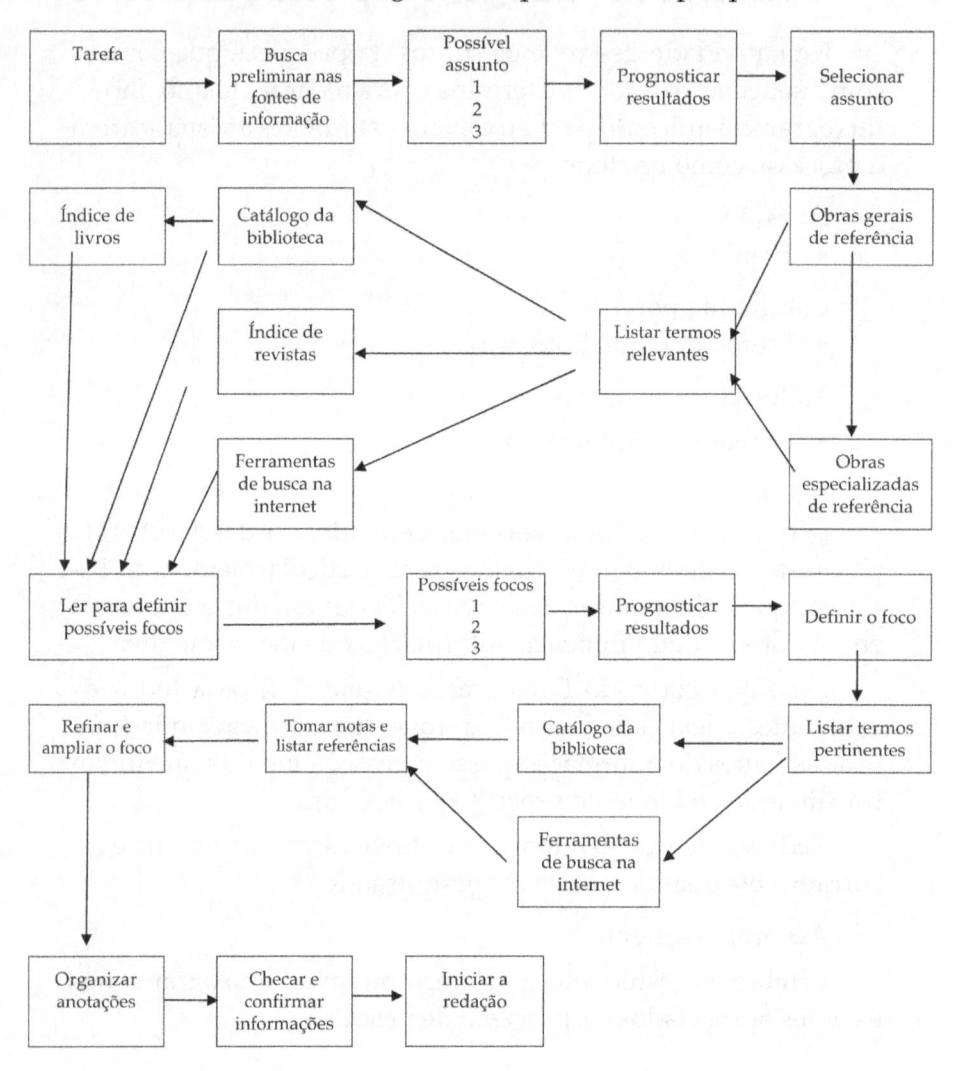

Tarefa → Busca preliminar nas fontes de informação → Possível assunto 1, 2, 3 → Prognosticar resultados → Selecionar assunto → Obras gerais de referência → Listar termos relevantes → Obras especializadas de referência

Listar termos relevantes → Catálogo da biblioteca → Índice de livros

Listar termos relevantes → Índice de revistas

Listar termos relevantes → Ferramentas de busca na internet

→ Ler para definir possíveis focos → Possíveis focos 1, 2, 3 → Prognosticar resultados → Definir o foco → Listar termos pertinentes → Catálogo da biblioteca → Tomar notas e listar referências → Refinar e ampliar o foco

Listar termos pertinentes → Ferramentas de busca na internet → Tomar notas e listar referências

Refinar e ampliar o foco → Organizar anotações → Checar e confirmar informações → Iniciar a redação

Capítulo 2
Seleção do assunto

TAREFA	Decidir sobre o assunto de pesquisa.
PENSAMENTOS	Avaliar assuntos de acordo com critérios de interesse pessoal, exigências do trabalho, informações disponíveis e prazo estipulado pelo professor; antecipar resultados de possíveis escolhas; escolher assuntos com potencial para êxito.
SENTIMENTOS	Confusão; algumas vezes ansiedade; breve contentamento após a seleção; antecipação da tarefa à frente.
AÇÕES	Discutir com outras pessoas; fazer busca preliminar nas fontes de informação; usar enciclopédias para obter uma visão geral do assunto.
ESTRATÉGIAS	Discutir possíveis assuntos; antecipar o resultado das escolhas; usar fontes gerais para obter visão ampla de possíveis assuntos.

Tarefa do segundo estágio

No segundo estágio do processo de pesquisa, a principal tarefa dos estudantes é escolher o assunto para pesquisar. Precisam refletir sobre possíveis assuntos, examinar cada um cuidadosamente e selecionar aquele que lhes pareça o melhor. Neste estágio, deve ser tomada a decisão definitiva, já que o aluno não pode avançar no processo sem a escolha de um assunto.

Os estudantes lidam com a tomada de decisão de diferentes maneiras. Incorporam nessa tarefa suas experiências anteriores em selecionar assuntos. Alguns costumam escolher logo que o trabalho é anunciado pelo professor, enquanto outros pesam suas escolhas por algum tempo antes de decidir. Muitos têm dificuldade em escolher.

A tarefa de selecionar o assunto deve ser considerada como fase integrante do processo de pesquisa, requerendo tempo e reflexão cuidadosa. Geralmente, a seleção do assunto é apresentada como uma atividade preliminar, preparatória para o trabalho propriamente dito, mais do que como um estágio vital do processo de pesquisa. As orientações proporcionadas aos estudantes no começo do trabalho costumam dar a entender que a seleção do assunto é procedimento simples, que pode ser realizado rápida e facilmente por todos, exigindo pouca reflexão, investigação ou orientação.

Há várias maneiras de ajudar os estudantes na seleção de assuntos. Encoraje-os a pensar nos que sejam de seu interesse. Assuntos em potencial deveriam ser aqueles que os estudantes sabem que podem desenvolver e ampliar. Pode-se propor atividades que os ajudem a pensar em assuntos sobre os quais desejam aprender mais. Os alunos deveriam ser orientados a investigar possíveis assuntos e a escolher um com base em suas descobertas. Neste estágio, a tarefa que se apresenta para eles é a de pensar em possíveis assuntos, examinar os prováveis resultados de cada um, avaliar as possibilidades e escolher um para pesquisar. Com orientação e assistência, os pesquisadores iniciantes podem aprender a desempenhar essa tarefa de maneira mais eficiente.

Sentimentos dos estudantes durante a seleção do assunto

Neste estágio, geralmente, os estudantes estão confusos e incertos sobre que assunto escolher. Ficam em dúvida sobre como proceder e apreensivos sobre a quantidade de trabalho que os espera. Esses sentimentos de confusão e incerteza podem fazer com que os estudantes fiquem ansiosos com o trabalho de pesquisa e até mesmo impedir seu progresso na seleção do assunto.

Conscientizar-se de que um pouco de falta de clareza e indecisão é natural nesta etapa pode ajudar os estudantes. Com orientação, aprendem a tolerar a incerteza e a tomar decisões positivas para escolher assuntos de pesquisa.

Depois que selecionaram o assunto, os estudantes geralmente experimentam sensação de contentamento e, frequentemente, têm uma explosão de entusiasmo quando antecipam a possibilidade de pesquisá-lo. Esse sentimento de satisfação e entusiasmo é breve e costuma diminuir quando começam a encontrar, nos estágios subsequentes do processo de pesquisa, informações desconexas e conflitantes.

Nessa fase inicial do processo, é importante não apressar ou pressionar os estudantes. A seleção do assunto constitui um estágio que geralmente é subestimado por professores e por bibliotecários. É preciso tempo para desenvolver ideias até que uma decisão inteligente possa ser tomada. Apressar os estudantes pode forçá-los a selecionar o assunto sem refletirem suficientemente, o que costuma levar a dificuldades posteriores no processo. Alguns, quando acham que os colegas estão mais adiantados que eles, geralmente escolhem qualquer coisa, sem pensar e refletir cuidadosamente.

Um aluno explicou seu sentimento por estar atrasado em relação ao resto da classe: "Eu estava ansioso porque não tinha um assunto. Estava preocupado porque, embora soubesse que o trabalho tinha um prazo longo para ser feito, parecia que todo mundo estava trabalhando e eu não. Então resolvi me acalmar".

Outro aluno descreveu experiência similar: "Eu tive problemas para encontrar o assunto. Todo mundo tinha um; havia apenas três de nós sem um assunto".

A sensação de que "todo mundo" já escolheu o assunto parece intensificar a ansiedade dos estudantes no processo de seleção. Em vez de serem forçados a escolher, a maioria precisa ser encorajada a ir mais devagar e examinar cuidadosamente possíveis assuntos. Um pouco de tensão faz os estudantes avançarem em direção a uma decisão, mas tensão em excesso causa ansiedade que pode bloquear o pensamento claro e desperdiçar energia emocional que poderia ser usada na tarefa de tomar a decisão.

Criação de clima motivador

Estudantes que, no estágio inicial do processo, têm atitude interessada estão bem preparados para selecionar o assunto neste segundo estágio. Esperam aprender algo novo com a pesquisa e estão ansiosos para investigar a fim de ampliar o que já conhecem. Essa abertura constitui atitude útil para a seleção do assunto.

Por outro lado, estudantes que não demonstram esse interesse tendem a lidar com a seleção do assunto de forma muito conclusiva, procurando maneiras de terminar a pesquisa antes que ela tenha começado. Algumas vezes, iniciam o processo de pesquisa com noções preconcebidas, estabelecem ideias que pretendem comprovar e não mudam com os fatos que encontram nas fontes de informação. Alguns estudantes parecem ter opinião categórica sobre o que vão encontrar e o que vão escrever, antes mesmo de começar a pesquisa.

O seguinte exemplo descreve a atitude desses estudantes: "Geralmente não vou para a biblioteca até ter algumas ideias. Por exemplo, uma das afirmativas nas instruções dadas pelo professor era: 'O tema evolui à medida que se aprende mais sobre o assunto'. Isso para mim definitivamente não é verdade. De modo geral, quando o professor sugere alguma coisa, minha mente diz, 'é isso que vou fazer'. Tenho uma ideia quase que imediatamente, então pesquiso a ideia, ao invés de pesquisar a coisa em geral e descobrir alguma coisa específica sobre ela. Usualmente tenho aquela coisa específica na cabeça e não mudo. Começo um assunto e acabo escrevendo meu trabalho sobre ele mesmo. Gosto de fazer isso porque economiza um monte de pesquisa desnecessária".

Embora esse estudante esperasse escolher um assunto com algum significado e interesse pessoal, ele estreitou o foco antes de buscar informações. Não estava aberto para aprender sobre o assunto com base nas informações que reuniu. Essa forma de lidar com a pesquisa pode causar problemas para os estudantes. Raramente conseguirão encontrar fatos específicos que combinem precisamente com suas ideias preconcebidas. Quando não estão abertos para aprender com as informações que coletam, ficam impermeáveis a novas ideias, sem condições de avançar em seu objetivo e, frequentemente, bloqueados na busca de informações. Ao contrário de "economizar um monte de pesquisa desnecessária", essa atitude, de modo geral, complica o processo de coleta de informações.

O clima estimulador abre possibilidades de escolha e não encerra prematuramente a busca por informações, ajudando os estudantes a começarem a pesquisa. Eles podem aprender a adiar o encerramento, procurando algo interessante sobre o que queiram aprender mais. Podem ser orientados a escolher assuntos que resultem num processo de pesquisa mais satisfatório.

Tomada de decisões

Tomar a decisão é o principal objetivo no estágio de seleção do assunto. É importante saber como as pessoas tomam decisões em geral para entender a complexidade da tarefa que as espera. A seguir, apresenta-se uma visão teórica da tomada de decisão para ajudar a compreender o processo de selecionar o assunto de pesquisa.

As pessoas retêm na memória constructos ou esquemas que construíram por meio de suas experiências anteriores. As ideias que formaram e os sentimentos associados a essas ideias criam o sistema de constructo ou sistema de esquematização de cada indivíduo. Seus constructos são a base para as decisões que tomam. Quando encontram uma nova situação ou evento, tentam prever o que vai acontecer com base no que experimentaram no passado – baseados em seus constructos. Fazem escolhas de acordo com os resultados que prognosticaram. Se seus prognósticos são corretos, seus constructos são reforçados. Por outro lado, se suas previsões são falhas ou incompletas, os indivíduos alteram seus constructos para combinar com o resultado alcançado. Desse modo, acontece a aprendizagem. A tomada de decisão resulta em se fazer a previsão ou o prognóstico com base em constructos e selecionar o resultado mais adequado.

Essa visão da tomada de decisão pode ser aplicada ao processo de pesquisa e particularmente à tarefa de selecionar assuntos. Os estudantes têm pensamentos e sentimentos, ou constructos, sobre assuntos de pesquisa que influenciam as escolhas que fazem. Têm também constructos sobre trabalhos de pesquisa, sobre bibliotecários, professores e outras questões similares que afetam a maneira como lidam com a tarefa de seleção do assunto e com a pesquisa em geral.

Ao selecionar, os estudantes avaliam possíveis assuntos a partir do que já conhecem e dos constructos relacionados a eles. Com base nos seus constructos sobre o assunto – e em outros relativos a trabalhos de pesquisa –, calculam o provável resultado da pesquisa e selecionam assuntos que ofereçam possibilidades mais promissoras. Uma aluna pressupôs o que aconteceria se fizesse determinada escolha: "Decidi mudar meu assunto. Seria muito difícil encontrar informações boas sobre o que eu tinha escolhido antes".

Os estudantes selecionam os melhores assuntos possível com base em suas pressuposições sobre o resultado da pesquisa. O nível de precisão em seus prognósticos geralmente determina o grau de êxito dos seus projetos de pesquisa. É claro que nenhum prognóstico pode ser completamente preciso sobre como um assunto de pesquisa funcionará, mas a orientação pode ajudar os estudantes a acertar mais na escolha de futuros assuntos de pesquisa. Prognósticos falhos levam os estudantes a descartar assuntos viáveis e podem levá-los a escolher outros pouco produtivos. Um estudante descreveu, justamente, como fez uma previsão equivocada: "Depois de fazer uma pesquisa preliminar, descobri que, devido ao fato de F. Scott Fitzgerald[7] ser um escritor bastante moderno, não vão existir informações suficientes sobre esse assunto".

---

[7] Frances S. Fitzgerald, escritor estadunidense, nasceu em 1896 e faleceu em 1940. Não é, pois, "um escritor bastante moderno" conforme pensava o estudante entrevistado em sua previsão equivocada.

Embora cada aluno possa ter uma estrutura de referência singular para tomar decisões baseadas nos próprios constructos pessoais, a tarefa básica deste estágio permanece a mesma para todos. Os estudantes precisam analisar possíveis assuntos, avaliar possíveis resultados e selecionar um assunto que lhes garanta bom resultado. A decisão definitiva sobre o assunto deve ser tomada para que os estudantes possam avançar para o estágio de exploração no processo de pesquisa. Entretanto, podem rever essa decisão se descobrirem que a escolha não foi boa ou se encontram outro assunto que mais lhes agrade.

Seleção de assuntos que podem ser definidos e ampliados

As pessoas continuamente procuram maneiras de definir e ampliar seus constructos. Noções vagas são delimitadas para se obter significado mais claro, e ideias são ampliadas para aumentar a compreensão, de forma que cresça o conhecimento da pessoa sobre o mundo. O objetivo da pesquisa é definir mais claramente o assunto e ampliar o conhecimento que o aluno tem sobre ele. Os estudantes deveriam, portanto, ser encorajados a escolher assuntos sobre os quais queiram saber mais.

A enciclopédia e o dicionário são fontes excelentes para ajudar nessa escolha. À medida que os estudantes leem uma enciclopédia para obter visão ampla do assunto, devem anotar qualquer termo que desconheçam. A definição de cada termo deve ser procurada num dicionário. Um dicionário de língua em versão completa fornece definições detalhadas, significados alternativos, sinônimos e citações nas quais o termo tenha sido usado.

Quando pensam em assuntos para pesquisar, os estudantes deveriam primeiro lembrar o que já sabem sobre eles e, a partir daí, refletir sobre questões relacionadas. Podem ser encorajados a registrar em diários conhecimentos que têm sobre os assuntos e questões referentes a eles. As questões direcionam para maneiras como o assunto pode ser expandido e se tornam palavras-chave para direcionar a busca exploratória de informações, durante o terceiro estágio do processo de pesquisa.

Ritmo individual na seleção de assuntos

No estágio de seleção do assunto, à medida que os estudantes avançam em diferentes ritmos nem todos experimentam o mesmo sentimento. Alguns podem ficar confusos e ansiosos por causa de sua indecisão, enquanto outros estão contentes por já terem feito a escolha. A variação no ritmo do trabalho dos estudantes precisa ser levada em conta quando se planejam atividades para a classe. É necessário encorajar e orientar aqueles que estão tentando escolher e, ao mesmo tempo, procurar manter o interesse dos que já escolheram e estão prontos para avançar na exploração de seus assuntos. Ao longo do processo de pesquisa, as diferenças nos ritmos é um problema recorrente na organização das atividades. Cada estudante avançará através dos estágios em ritmos diferentes. Estudantes jovens, menos experientes, necessitam se ater a um cronograma preestabelecido que especifique quando cada atividade deve ser aprovada e concluída. À proporção que ganham experiência, podem trabalhar com prazos menos rígidos e estruturar as próprias atividades.

Critérios para escolha do assunto

Para tomar a decisão de selecionar o assunto, há quatro questões que os estudantes precisam considerar:

- O assunto lhes interessa?
- O assunto atende às exigências da tarefa solicitada pelo professor?
- As informações podem ser reunidas e organizadas para apresentação no prazo estipulado?
- Existem informações suficientes sobre o assunto na biblioteca ou em outras fontes disponíveis?

À medida que adquirem experiência com pesquisa, os estudantes tornam-se mais preparados para selecionar assuntos que atendem a esses critérios. Geralmente precisam de orientação para aprender a aplicar cada um dos critérios aos possíveis assuntos que escolheram.

Interesse pessoal

Os estudantes deveriam ser estimulados a escolher assuntos que são de seu interesse pessoal. Eles refletirão e lerão sobre o assunto escolhido por longo período de tempo e, portanto, precisam dar preferência a algo que sustente seu interesse durante o processo de pesquisa. Um estudante descreveu, da seguinte maneira, a importância de escolher um assunto interessante: "No começo de uma pesquisa, eu dou um longo suspiro porque sei como trabalho e, se não pego um assunto interessante, ou se o assunto que me é dado não é interessante, não fico motivado a ir à biblioteca e fazer a pesquisa. Isso me amola. Eu fico com raiva. Quando começo e pego um assunto que gosto, aí fica um pouco mais fácil".

A questão do interesse pessoal parece bem simples a princípio – o estudante acha o assunto interessante ou não –, mas a verdade é que existem diversos aspectos que complicam a questão. Primeiro, o interesse muda e flutua à medida que a pesquisa progride. Os estudantes podem estar extremamente interessados em um assunto no momento que o escolhem. Entretanto, o interesse costuma diminuir quando encontram informações conflitantes e confusas no material que leem e geralmente aumenta depois que escolhem o foco e começam a reunir informações pertinentes que o sustente.

Outro aspecto sutil sobre a questão do interesse é que ele é baseado nas experiências anteriores. Aprende-se construindo sobre o que já se sabe. Embora os estudantes possam dizer que escolheram assuntos sobre os quais não sabem nada, um olhar mais apurado mostra que o conhecimento prévio pode ser claramente percebido. Os estudantes conseguem, de modo geral, explicar as razões para escolher determinado assunto de pesquisa. Alguns descreveram da seguinte forma o conhecimento prévio do assunto que escolheram para pesquisar: "Eu tinha lido um pouco de Steinbeck[8] durante o verão, então eu escolhi Steinbeck". "Quando estudei Albee[9] na primeira semana de

---

[8] John Steinbeck (1902-1968). Escritor estadunidense, Prêmio Nobel de 1962. Principais obras: *As vinhas da Ira* (1939) e *A leste do Éden* (1952).

[9] Edward Albee (1928). Dramaturgo estadunidense, seguidor do teatro do absurdo europeu. Sua peça mais famosa é *Quem tem medo de Virgínia Woolf*.

aula, na aula de inglês, era sobre o absurdo da vida e o professor disse: 'Talvez devêssemos ler Ionesco[10] este ano.' Há um mês atrás vi um livro na estante de minha mãe. Havia sete ou oito peças de Ionesco e eu comecei a lê-las. É difícil ler uma peça como essa e saber sobre o que ela trata. Eu ia ler um livro sobre ele, de qualquer forma, e então tivemos esse trabalho de pesquisa...".

Se os estudantes escolhem assuntos sobre os quais realmente não tiveram conhecimento prévio, a tarefa poderá ser enorme e insuportável. Eles precisarão se familiarizar com o assunto para formar alguns constructos básicos sobre os quais construir futuras ideias. Isso toma tempo e raramente pode ser realizado de forma adequada no prazo estipulado para o trabalho. Pesquisadores inexperientes algumas vezes cometem o erro de escolher assuntos sobre os quais têm muito pouco conhecimento anterior. Precisam ser orientados em suas decisões e entender as consequências de suas escolhas. Um estudante descreveu como o professor ou o bibliotecário podem ajudar: "Muita gente gostaria que o professor desse uma lista de quatro ou cinco assuntos. 'Aqui está, pegue um desses.' Mas tem que ser alguma coisa de interesse. Talvez perguntar para o aluno, 'do que você gosta ou não gosta?' Se é sobre literatura, 'que livros você já leu?' e apresentar para ele vários pontos que podem ser ampliados. Mas tem que ser alguma coisa que a pessoa goste. Se não, vai ser apenas uma chateação. Você não vai chegar a lugar algum com isso. Apenas ficar livre".

Exigências do trabalho

Os estudantes devem refletir cuidadosamente sobre os limites do trabalho, conforme solicitado pelo professor. Qual é o tema a ser coberto pela pesquisa? Qual a profundidade esperada? Qual a extensão do trabalho escrito? Essas questões são do domínio do professor, e os estudantes precisam encontrar um assunto que se adapte às exigências estipuladas por ele.

Antes de começar a reunir informações, a maioria dos estudantes gosta de ter seus assuntos de pesquisa aprovados pelo

---

[10] Eugene Ionesco (1912-1994). Dramaturgo romeno, um dos maiores expoentes do teatro do absurdo, analisa e desmascara as crises do homem e da sociedade contemporânea.

professor, o que lhes dá a garantia de que estão no caminho certo. A aprovação dos assuntos pelo professor tem duas funções. Primeiro, os estudantes não gastarão tempo pesquisando um assunto que não esteja de acordo com as exigências, tendo que mudá-lo mais tarde. Em segundo lugar, o professor pode monitorar as escolhas dos assuntos feitas pelos estudantes, a fim de assegurar que elas estejam distribuídas de forma equilibrada dentro do tema a ser coberto na pesquisa, ajudar os estudantes a evitar assuntos que colegas já escolheram e recomendar outros. Além disso, a alta concentração em um assunto pode sobrecarregar a coleção da biblioteca e tornar a busca de informações extremamente difícil. É claro que é essencial que o bibliotecário conheça as exigências do trabalho e também os assuntos que os estudantes estão pensando em escolher.

É uma prática comum do professor solicitar aos estudantes que lhe comuniquem os assuntos que escolheram para, então, aprová-los para que prossigam. Em vez de simplesmente comunicar, os alunos podem discutir com o professor o assunto selecionado. Nesse momento, o professor oferece sugestões sobre como eles devem prosseguir para escolher o assunto. Um estudante descreveu como buscou orientação nesse ponto do processo de pesquisa: "Quando escolho um assunto por conta própria, geralmente procuro o professor e peço sua aprovação e vejo se há algum jeito de refiná-lo". Durante a conversa, o professor pode oferecer a segurança e o estímulo de que a maioria dos estudantes precisa. O sentimento de satisfação e entusiasmo que eles têm quando escolhem um assunto deve ser compartilhado com o professor. Palavras de incentivo e observações sobre coisas interessantes que vão encontrar sobre o assunto escolhido podem encorajar os estudantes para a tarefa que têm à frente.

Prazo estipulado

O período de tempo ou prazo estipulado para o término do trabalho de pesquisa é geralmente determinado pelo professor. Muitos estudantes dão tal importância ao fator prazo para decidir por um assunto que ele pode ser considerado uma categoria separada das outras exigências. Um estudante descreveu sua preocupação com o prazo na escolha do assunto e no estabelecimento do cronograma de trabalho: "Eu tinha de escolher o autor de um livro que já tivesse lido porque não tinha tanto tempo assim. Eu estava contando os dias e estabelecendo prazos finais para mim mesmo. Não queria trabalhar nisso durante as férias".

Ter consciência do prazo possibilita aos estudantes selecionar assuntos dentro de metas realistas. Eles podem estabelecer um cronograma para progredir ao longo dos estágios do processo de pesquisa. A total falta de preocupação com o tempo pode impedir que avancem adequadamente. Um pouco de planejamento e a adesão a um cronograma flexível são úteis para assegurar o tempo adequado para trabalhar em cada estágio. Sem a noção de tempo, os estudantes podem descobrir que o prazo para entregar o trabalho já está no fim antes que tenham desenvolvido totalmente o assunto. Estão arriscados a ter de terminar a busca repentinamente antes que a finalização natural tenha sido alcançada. Por outro lado, preocupação excessiva com as limitações de tempo costuma inibir a criatividade necessária para escolher o assunto de pesquisa. Pesquisadores inexperientes geralmente julgam mal seu ritmo. Precisam de orientação para não dar nem muita nem pouca atenção ao fator prazo durante o processo.

O tempo estipulado para o trabalho é, geralmente, insuficiente para investigar todos os aspectos interessantes que aparecem durante a busca de informações. Os estudantes precisam aprender a escolher um foco para limitar os caminhos que podem ser explorados. Outros aspectos do assunto devem ser adiados para ser pesquisados em outra ocasião. Esses caminhos não trilhados constituem assuntos em potencial para futuros trabalhos.

Informações disponíveis sobre o assunto em potencial

O conhecimento da quantidade de informações disponíveis sobre determinado assunto dá ao estudante base para avaliar o êxito que alcançará ao pesquisá-lo. Abundância de informações geralmente significa que o assunto é muito amplo, e escassez, que é muito limitado. Algum ajuste será necessário, antes que o assunto seja considerado adequado para pesquisa.

Um estudante descreveu da seguinte forma sua opinião sobre a quantidade de informação disponível: "Esse assunto me pareceu interessante, e quando o vi na lista de possíveis temas de pesquisa pensei que poderia ser um bom assunto. Achei que poderia desenvolver um enunciado e que haveria bastante informação, nem muita nem pouca". Esse estudante previu que, se escolhesse aquele assunto, sua pesquisa teria bom resultado. Estava preocupado com muita e também com pouca informação. Nem todos os estudantes são tão perceptivos. Muitos precisam de orientação a fim de avaliar a quantidade de informação disponível sobre um assunto em potencial.

Para avaliar a informação disponível sobre o assunto, eles precisam realizar um levantamento preliminar. Nesse ponto, com apenas uma vaga noção do que estão procurando, muitos têm dificuldade para fazer o levantamento nas fontes de informação e também acham difícil formular questões que possibilitem a outros ajudá-los. Frequentemente, falam sobre o que querem de forma muito específica ou, ao contrário, generalizam suas necessidades. Precisam de ajuda para aprender a usar a coleção da biblioteca e para consultar fontes de informação que possam fornecer visão ampla para auxiliá-los a começar a formular suas ideias.

É essencial para os estudantes aprender a diferença entre uma busca preliminar para levantar informações e uma busca completa para coletar informações. As fontes de informação são usadas para diferentes finalidades e em vários níveis de profundidade em diferentes estágios da pesquisa. Os estudantes devem aprender que fazer levantamento em fontes de informação pode ser comparado a passar os olhos em um texto. Com uma clara compreensão da tarefa desse estágio e com algumas técnicas de consulta, estariam capacitados a fazer o levantamento para avaliar a quantidade de informação disponível a fim de selecionar o assunto de pesquisa.

Papel da biblioteca

Na seleção do assunto de pesquisa, a biblioteca e a competência do bibliotecário podem ser de grande ajuda para os estudantes. Infelizmente, o bibliotecário raramente é consultado até depois de o assunto ter sido selecionado. A biblioteca é geralmente lembrada como lugar em que se vai depois que o estudante já decidiu sobre o assunto.

Entretanto, a biblioteca e o bibliotecário precisam estar envolvidos desde o estágio de seleção do assunto. Da mesma forma que as exigências do trabalho são consideradas domínio do professor, a avaliação preliminar do material disponível na biblioteca é de domínio do bibliotecário. Frequentemente, quando o bibliotecário não é envolvido na tarefa de selecionar o assunto, os estudantes fazem estimativas incorretas das informações disponíveis e julgam mal o êxito de assuntos em potencial. Muitas das frustrações de pesquisadores iniciantes poderiam ser evitadas se aprendessem com a competência do bibliotecário, que está preparado para aconselhar e orientar no levantamento preliminar de informações. Os estudantes podem aprender a fazer conjeturas mais corretas sobre os assuntos que estão escolhendo se o fizerem com base na avaliação realista das informações disponíveis.

Podem ser agendadas reuniões com o bibliotecário durante o horário das aulas nas quais os estudantes estão discutindo com o professor a escolha e a aprovação de seus assuntos. Assim, eles terão oportunidade de conversar especificamente a respeito de questões relacionadas ao levantamento de material sobre seus possíveis assuntos de pesquisa. Encontros informais podem também ocorrer de maneira mais espontânea e constante. Os estudantes precisam estar conscientes de que podem consultar o bibliotecário sobre assuntos em potencial, solicitando ajuda diretamente ou marcando reuniões, se necessário.

Estudantes que apresentam dificuldade para pensar em assuntos em potencial podem achar útil dar uma olhada no material da biblioteca. Ao folhearem revistas, lerem títulos de livros, perceberem as várias categorias de material ou darem uma olhada no catálogo, pode ocorrer um *insight* ou despontar alguma ideia de interesse pessoal que lhes permita avançar na escolha do assunto de pesquisa.

Obtenção de visão geral

A fonte mais apropriada para se ter visão inicial ampla do assunto é uma enciclopédia geral. Antes de tomar a decisão final, os estudantes devem adquirir o costume de ler verbetes de enciclopédias sobre todos os assuntos que estão pensando em pesquisar. Quando começam utilizando uma enciclopédia geral, adquirem compreensão básica sobre os assuntos. Nesse estágio, visão básica e ampla é mais útil do que visão específica. Para orientar na decisão de escolher o assunto, os estudantes precisam ter visão ampla dele. O foco em um aspecto particular do assunto ocorre mais tarde no processo.

Dicionários, de preferência em versão completa, devem ser usados para fornecer definições de termos relacionados ao assunto, encontrados durante a leitura, e que sejam desconhecidos pelos estudantes. Além disso, a definição do assunto geral pode oferecer uma perspectiva ou dimensão que não lhes tenha ocorrido antes.

Realização do levantamento

Um dos critérios para escolher o assunto de pesquisa é a quantidade de informações disponíveis, e os estudantes precisam ter noção disso. Há três fontes que lhes darão uma ideia rápida do que existe disponível: o catálogo da biblioteca; as ferramentas de busca na internet, tais como *Google*, *Yahoo* e *Altavista*, entre outras; e índices de revistas, como, por exemplo, o *Superarquivo* da revista *Superinteressante*. O catálogo alertará o aluno para a quantidade de livros sobre um assunto na coleção da biblioteca; as ferramentas de busca na internet indicarão quantos sites existem sobre ele, e os índices de revistas mostrarão quantos artigos apareceram nos fascículos publicados. A consulta a essas fontes deve ser suficiente para indicar se o assunto é muito amplo ou muito específico e também possibilitar a identificação de algumas maneiras de ajustá-lo, se necessário.

Além disso, o aluno deve consultar o bibliotecário sobre a quantidade de outros tipos de material disponíveis. Também é uma boa ideia verificar se outros colegas estão pesquisando o mesmo assunto ou similar, o que pode limitar a disponibilidade do material na biblioteca.

O bibliotecário pode ajudar os estudantes a clarear suas ideias quando estão tentando localizar informações gerais, orientando-os sobre suas conjecturas a respeito de possíveis assuntos. Pode também encorajar e tranquilizar os que estão tendo dificuldades e guiá-los ao longo de uma trajetória positiva para tomar a decisão sobre o assunto de pesquisa.

As atividades que se seguem permitem ajudar os estudantes na seleção de assuntos.

Atividades

▸▸ Atividade 2-1 – Linha do tempo do processo de pesquisa

A linha do tempo ajuda os estudantes a visualizar o processo no todo. Permite-lhes compreender em que estágio se encontram, definir a tarefa que tem à frente e saber que sentimentos esperar. Esta atividade também os ajuda a adquirir sentido mais realista de tempo ao longo do processo de pesquisa.

Duração
- 20 minutos.

Material
- Quadro-negro.

Conduzida por
Professor ou bibliotecário.

Observação
Esta é uma continuação da *Atividade 1-4 – Linha do tempo do processo de pesquisa*.

Instruções
Elabore no quadro a linha do tempo do processo de pesquisa, nomeando o primeiro e o segundo estágios, como mostrado a seguir:

```
Solicitação do
trabalho pelo    Seleção
  professor     do assunto
      |            |
_____|_____|_____
```

Faça uma revisão do primeiro estágio e identifique brevemente o segundo, dizendo aos estudandes que, já tendo recebido suas tarefas, eles estão agora se preparando para selecionar o assunto. Mostre na linha do tempo o lugar que representa o segundo estágio.

Explique que, no segundo estágio, a principal tarefa é selecionar o assunto para pesquisar. Esclareça que eles precisam pensar em alguns assuntos possíveis, refletir sobre cada um cuidadosamente e selecionar aquele que pareça oferecer as melhores condições para pesquisa.

Descreva os sentimentos que os estudantes comumente experimentam no segundo estágio, considerando que eles podem se sentir confusos nesse momento, da mesma forma como a maioria das pessoas se sente. Diga que um pouco de confusão e incerteza é comum no início de uma tarefa de pesquisa extensa, mas que, tão logo eles tenham escolhido os assuntos, se sentirão mais confiantes.

Acompanhamento

Esta atividade é prevista para ser seguida por outras que levarão os estudantes a selecionar assuntos que considerem interessantes e sobre os quais desejem aprender mais.

▶▶Atividade 2-2 – Obtenção de visão geral

Os estudantes aprendem a usar enciclopédias e dicionários para obter visão geral dos assuntos que estão pensando em pesquisar. Esta atividade propicia informações básicas para prepará-los para decidir sobre o assunto de pesquisa.

Duração
- Um horário de aula.

Material
- Enciclopédias gerais e dicionários completos (impressos, em CD-ROM, *on-line*).

Conduzida por
- Bibliotecário e professor.

Instruções

Depois que os estudantes tiverem identificado um ou mais possíveis assuntos de pesquisa, estão prontos para obter a visão geral sobre o assunto. Apresente enciclopédias gerais – em meio eletrônico ou impressas – e explique que elas contêm verbetes relativamente curtos, que sintetizam o assunto, e que constituem excelente instrumento para iniciar a pesquisa.

Lembre que há duas maneiras de encontrar informações em enciclopédias impressas: localizar diretamente o verbete e consultar o índice. Os dois tipos de busca são feitos utilizando-se a ordem alfabética. Recomende aos estudantes que se habituem a fazer os dois tipos de busca porque o índice pode direcioná-los para informações que não estejam no verbete principal do assunto.

Explique também como pesquisar em enciclopédias eletrônicas (instaladas em seus servidores ou disponíveis na internet). Enciclopédias eletrônicas podem estar *on-line* ou *off-line*. Uma enciclopédia eletrônica *off-line* é uma enciclopédia disponível instalada em seu computador sem a necessidade do acesso à internet. Uma enciclopédia *on-line* é aquela disponibilizada via *World Wide Web*. Para utilizá-la, você precisa estar conectado à internet. Entre as enciclopédias *on-line*, há ainda o conceito de enciclopédia colaborativa, como a *Wikipédia*. Trata-se de uma enciclopédia que, além de *on-line* e gratuita, é colaborativa, o que significa que não possui autoria, é desenvolvida conjuntamente pelos seus usuários. Um usuário da *Wikipédia* pode não apenas consultá-la, mas também inserir ou modificar verbetes.

Lembre que as enciclopédias eletrônicas frequentemente apresentam um campo para a inserção do verbete a ser procurado, semelhante ao campo de pesquisa de uma ferramenta de buscas na internet. Mostre que as informações localizadas aparecem no formato de hipertexto, em que os itens sublinhados são *hiperlinks*, ou seja, verbetes afins, nos quais basta clicar para ser redirecionado para a página com informações sobre eles. Chame a atenção para o risco de, ao navegar de um *hiperlink* a outro, afastar-se do objetivo inicial.

Direcione os estudantes para localizar e ler cuidadosamente os verbetes sobre os assuntos que estão pensando em escolher. Esclareça que não precisam tomar notas, mas devem ter uma ideia geral do assunto. Estimule-os a identificar as informações que constituem novidade para eles e o que os surpreendem.

Apresente aos estudantes os dicionários completos – na internet ou impressos – recomendando que localizem os assuntos e leiam a definição cuidadosamente. Reforce a necessidade de observarem qualquer parte da definição que seja novidade e de relerem essa parte para terem certeza de que a compreenderam. Encoraje os estudantes a procurar ajuda do bibliotecário ou do professor caso não tenham entendido o significado encontrado no dicionário.

Acompanhamento
Insista com os estudantes para continuarem a usar enciclopédias e dicionários para terem visão geral dos assuntos que estão pensando em pesquisar. Eles deveriam ler sobre cada assunto antes de fazer a escolha final. As folhas do *Exercício 1 – Obtenção de visão geral (uso de enciclopédia e dicionário impressos)* e do *Exercício 2 – Obtenção de visão geral (uso de enciclopédia eletrônica)* podem ser preenchidas para cada assunto que estão pensando em pesquisar.

Exercício 1 da Atividade 2-2

Nome: _____
Data: _____
Assunto: _____

Obtenção de visão geral
(uso de enciclopédia e dicionários impressos)

1. Localize uma enciclopédia geral. Escreva o título aqui.

2. Usando o volume apropriado, encontre um verbete sobre seu assunto.

    Volume_____ Páginas_____

3. Leia o verbete e liste informações que você não conheça.

4. Usando o índice da enciclopédia, localize informações sobre o assunto que você escolheu dentro de verbetes sobre outros assuntos.

    Volume_____ Páginas_____

5. Leia as informações e liste outros fatos que pareçam importantes. Use o verso desta folha se necessário.

6. Usando um dicionário completo, encontre a definição do seu assunto e anote aqui.

Exercício 2 da Atividade 2-2

Nome: _____
Data: _____
Assunto: _____

Obtenção de visão geral
(uso de enciclopédia eletrônica)

1. Utilize uma enciclopédia eletrônica. Escreva o título aqui.

2. Usando o campo de busca, localize um verbete sobre seu assunto. Leia o verbete e liste informações que você não conheça.

3. No caso de estar usando uma enciclopédia disponível na internet, verifique e anote a data da última atualização do verbete. Se estiver usando a *Wikipédia*, verifique se há avisos ou restrições sobre a confiabilidade das informações encontradas sobre o verbete.

4. Anote os *links* sugeridos pelo verbete. Se houver um campo *ver também*, anote os verbetes ali sugeridos.

5. Clique naqueles *links* ou verbetes que julgar úteis, leia as informações e liste outros fatos que pareçam importantes. Use o verso desta folha se necessário.

6. Usando um dicionário eletrônico, encontre a definição do seu assunto e anote aqui.

▶▶Atividade 2-3 – Manutenção do diário

Escrever ajuda os estudantes a clarear ideias para se prepararem a fim de escolher o assunto. Expondo por escrito seus prognósticos para o resultado de pesquisar possíveis assuntos, estarão capacitados para decidir que assunto constitui a melhor escolha. A manutenção do diário possibilita o registro do progresso de suas ideias.

Duração
- Um horário de aula.

Material
- Diários dos estudantes.

Conduzida por
- Professor.

Observação

A produção do diário foi iniciada no primeiro estágio, durante a *Atividade 1-3 – Uso do diário*. Deve-se insistir com os estudantes para continuarem a registrar suas ideias, ações e sentimentos durante o processo de pesquisa. Esta atividade fornece outras instruções para auxiliá-los na tarefa de selecionar o assunto.

Preparação

Deve ser preparada e distribuída uma cópia do *Exercício Questões para ajudar na seleção do assunto* ou pode-se ler as questões para os estudantes copiarem nos diários.

Instruções

Oriente os estudantes para que:

1. Listem os assuntos que estão pensando em pesquisar.
2. Antecipem o resultado de cada um respondendo às seguintes perguntas para cada assunto.

    a) O assunto continuará a interessá-los durante várias semanas?

    b) O assunto atende às exigências do trabalho?

    c) Existem informações suficientes sobre o assunto?

    d) Há tempo suficiente para pesquisar o assunto?

Faça os estudantes reverem suas respostas e predizerem o provável êxito de cada possível assunto de pesquisa.

Acompanhamento

Insista para continuarem a escrever sobre cada assunto que estão pensando em pesquisar. O *Exercício Questões para ajudar na seleção do assunto* deve ser feito para cada possível assunto de pesquisa.

Exercício da Atividade 2-3

Nome: _____
Data: _____

Questões para ajudar na seleção do assunto

Assunto possível: _____

Para cada assunto que você está pensando em pesquisar, responda às seguintes questões:

1. O assunto continuará a interessá-lo durante várias semanas?

2. O assunto atende às exigências do trabalho?

3. Existem informações suficientes sobre o assunto?

4. Há tempo suficiente para pesquisar o assunto?

▶▶ Atividade 2-4 – Levantamento para seleção do assunto

Os estudantes aprendem a fazer o levantamento para determinar a quantidade de informação disponível sobre o assunto. Eles precisarão saber a quantidade e o tipo de informação disponível, a fim de prognosticar o resultado de sua pesquisa e poder selecionar um assunto de pesquisa potencialmente produtivo.

Duração
- Um horário de aula.

Material
- A atividade é realizada usando o catálogo da biblioteca, a internet e um índice de revista.

Conduzida por
- Bibliotecário e professor.

Instruções

Explique aos estudantes que o levantamento os ajudará a selecionar o assunto de pesquisa, pois revelará a quantidade de informação que existe sobre esse. Oriente-os a consultar o catálogo da biblioteca, um índice de revista e a internet para verificar se o assunto é muito amplo ou muito limitado. Explique que, se há muitos títulos sobre ele no catálogo ou no índice, o assunto pode ser muito amplo, e, se há apenas um ou dois, o assunto pode ser muito limitado.

A internet, ao contrário de catálogos ou índices, não constitui um sistema de informação delimitado. Por isso, uma busca na internet pode retornar uma quantidade infinitamente grande de *links* sobre determinado assunto, e isso não está diretamente associado à sua amplitude.

Efetuar uma busca na internet requer um cuidado especial no uso de palavras ou expressões que representem o significado do que está sendo buscado. Vejamos o seguinte exemplo: ao efetuar uma pesquisa pelo termo *Narizinho* (personagem dos livros infantis de Monteiro Lobato), a ferramenta de busca poderá retornar diversos endereços de *sites* (*links*), entre os quais alguns associados à personagem de *Monteiro Lobato*, e outros se referindo, por exemplo, à letra de canção que leva esse título, ou até mesmo ao endereço de uma lanchonete (Lanchonete Narizinho, em Campo Grande – MS). Para evitar que não sejam feitas associações a qualquer outro Narizinho além da personagem pretendida, a busca pode ser melhorada se associarmos ao termo Narizinho o termo Monteiro Lobato. Uma busca combinando os termos *"Narizinho"* e *"Monteiro Lobato"* retornou cerca de 26 mil resultados! Se alterarmos a combinação de termos para *"Reinações de Narizinho" "Monteiro Lobato"*, a quantidade de resultados diminui para aproximadamente a metade! Isso significará dizer que esse assunto é ainda demasiadamente amplo? Como medir a amplitude quando se fala em milhares de resultados?

Os termos empregados na pesquisa na internet podem se tornar mais específicos através da sua combinação via conectores AND, OR, –, ou do uso de aspas. O quadro a seguir ilustra o uso desses conectores lógicos.

Conector	Expressão	Efeito	Resultado*
OR	Narizinho OR Lobato	Retorna *links* para páginas que possuam qualquer um dos termos	4.040.000
AND	Narizinho AND Lobato	Retorna *links* para páginas que possuam todos os termos	28.400
" "	"Narizinho de Monteiro Lobato"	Retorna *links* para páginas que contenham exatamente a expressão entre aspas.	638
–	Narizinho –Lobato**	Retorna *links* para páginas que contenham os termos à esquerda, mas não os termos à direita (no exemplo, *links* associados ao termo Narizinho em que não haja ocorrência da palavra Lobato)	108.000

*Quantidade de resultados retornados em busca feita utilizando a ferramenta de buscas *Google*, em 2 set. 2008.

** O sinal de menos não deve ser separado por espaço em branco da palavra seguinte.

Diga aos estudantes que fazer o levantamento para escolher o assunto é como passar os olhos no texto. Explique que eles precisam ter uma impressão geral do que existe disponível, mas não é preciso anotar os títulos ou localizar o material. Nem ler ou tomar notas. O objetivo da tarefa é apenas descobrir a quantidade de material disponível. Para isso, use o *Exercício Passos do levantamento para seleção do assunto*.

Quando os estudantes terminarem de fazer o levantamento nas três fontes sugeridas eles devem ter uma ideia do que existe sobre o assunto.

Acompanhamento

Depois que os estudantes completaram o levantamento, eles devem consultar o bibliotecário. Qualquer informação incorreta que tenham encontrado pode ser corrigida antes que façam a escolha final do assunto de pesquisa.

Exercício da Atividade 2-4

Nome: _____
Data: _____
Assunto: _____

Passos do levantamento para seleção do assunto

Para ter uma ideia sobre a quantidade de informação disponível sobre seu assunto, use o catálogo da biblioteca, a internet e um índice de revista.

1. Quantos títulos sobre o assunto aparecem no catálogo?
2. Se você encontrou um grande número de títulos, procure novamente usando um termo de busca mais específico. Liste os termos que você utilizou e a quantidade de títulos encontrados.
3. Se você encontrou poucos títulos, procure novamente usando um termo de busca mais amplo. Liste os termos que você utilizou e a quantidade de títulos encontrados.
4. Quantos títulos sobre o assunto aparecem no índice da revista?
5. Se você encontrou um número grande demais de títulos, procure novamente usando um termo de busca mais específico. Liste os termos que você utilizou e a quantidade de títulos encontrados.
6. Se você encontrou poucos títulos, procure novamente usando um termo de busca mais amplo. Liste os termos que você utilizou e a quantidade de títulos encontrados.
7. Utilize uma ferramenta de busca na internet (*Google*, *Yahoo*, *Altavista* ou outra) e verifique quantos resultados foram encontrados.
8. Se você encontrou um número grande demais de resultados, procure novamente usando conectores lógicos ou aspas. Liste os termos que você utilizou e a quantidade de resultados obtidos.
9. Se você obteve poucos resultados, procure novamente usando um termo de busca mais amplo. Liste os termos que você utilizou e a quantidade de títulos encontrados.

▶▶ Atividade 2-5 – Reunião com o bibliotecário

Depois que os estudantes tiverem obtido uma visão geral de seus assuntos e feito o levantamento, eles devem ser capazes de calcular as consequências da escolha de determinado assunto para pesquisa. Por meio de reuniões com o bibliotecário, eles podem aprender a interpretar suas descobertas para predizer mais corretamente o êxito de um assunto de pesquisa em potencial.

Duração
- 10-15 minutos com cada aluno.

Conduzida por
- Bibliotecário.

Instruções

Agende reuniões individuais com cada estudante. O *Exercício Preparação para a reunião com o bibliotecário* deve ser distribuído aos estudantes. Peça-lhes para observar as seguintes instruções:

1. Descrever de maneira geral o assunto escolhido.
2. Anotar a quantidade e o tipo de material existente sobre o assunto que querem pesquisar.
3. Fazer conjeturas sobre o resultado da pesquisa, caso escolham esse assunto.

Observe quaisquer interpretações incorretas que os estudantes possam ter feito. Recomende outras ações ou que refaçam os passos necessários para obter informações preliminares mais corretas.

Acompanhamento

Se as descrições dos estudantes estiverem inadequadas ou incorretas, eles precisam realizar outras leituras gerais e levantamento de material, repetindo o exercício anterior.

Exercício da Atividade 2-5

Nome: _____
Data: _____
Assunto: _____

Preparação para a reunião com o bibliotecário

Antes da reunião, esteja preparado para:

1. Descrever de maneira geral o assunto escolhido.

2. Explicar a quantidade e o tipo de material existente sobre o assunto que você quer pesquisar.

3. Conjeturar o resultado de sua pesquisa, caso você escolha esse assunto.

▶▶Atividade 2-6 – Tomada de decisão

Os estudantes devem estar prontos para decidir sobre o assunto de pesquisa baseados no levantamento. Nesta atividade, eles discutem com o professor sobre a seleção do assunto. O professor aprova o assunto ou recomenda outro levantamento.

Duração
- 5 a 10 minutos com cada aluno.

Conduzida por
- Professor.

Observação
Esta atividade deve ser realizada na mesma aula em que ocorrem as reuniões com o bibliotecário.

Instruções
Diga aos estudantes que agora estão prontos para selecionar o assunto de pesquisa ou que talvez já tenham decidido sobre um. Lembre-lhes de que já têm visão geral do assunto que estão pensando em pesquisar. Já fizeram o levantamento e anotaram ideias sobre assuntos possíveis; já refletiram sobre o tempo que têm para completar o trabalho e as exigências feitas. Agora precisam decidir sobre o assunto de pesquisa. Estimule os estudantes a discutir individualmente com você para obter aprovação dos assuntos. Para essa discussão, os estudantes já devem ter feito o *Exercício Tomada de decisão*. Se o assunto escolhido não for adequado, faça sugestões sobre como deve ser alterado ou recomende assuntos similares aceitáveis. Peça aos estudantes para que investiguem as sugestões e recomendações e discutam com você novamente quando tomarem a decisão.

Acompanhamento
Para aqueles que não tenham ainda conseguido escolher o assunto, dê um prazo final para decidirem e obterem sua aprovação.

Exercício da Atividade 2-6

Nome: _____
Data: _____
Anote o assunto que você selecionou: _____
_____

Tomada de decisão

1. Por que você escolheu o assunto?

2. O que você espera encontrar sobre o assunto?

3. Liste alguns tipos de material que você planeja usar.

Capítulo 3
Exploração de informações

TAREFA	Explorar informações com o objetivo de encontrar o foco.
PENSAMENTOS	Inabilidade para expressar com precisão a necessidade de informação; informar-se sobre o assunto geral; procurar o foco nas informações sobre o assunto geral; identificar vários focos possíveis.
SENTIMENTOS	Confusão; incerteza; dúvida.
AÇÕES	Localizar informação relevante; ler para informar-se; listar fatos e ideias interessantes; compilar referências bibliográficas.
ESTRATÉGIAS	Tolerar inconsistência e incompatibilidade nas informações encontradas; procurar intencionalmente possíveis focos; listar palavras ou termos que representam o assunto; ler para aprender sobre o assunto.

Tarefa do terceiro estágio

Após terem selecionado o assunto, os estudantes precisam explorar informações sobre ele, procurando o foco para a pesquisa. Nesse ponto, os estudantes são direcionados a delimitar o assunto, o que requer que se familiarizem com a hierarquia do conhecimento, a fim de identificar subtópicos e se prepararem para escolher o foco.

Eles podem aprender sobre hierarquia usando dois recursos: o esquema de classificação bibliográfica da biblioteca[11] ou sumários de livros sobre o assunto que escolheram. O esquema de classificação constitui a estrutura bibliográfica de uma disciplina e será apresentado em detalhe na *Atividade 5-5 – Compreensão da hierarquia da classificação bibliográfica*. Nesse estágio de exploração de informações, os estudantes começam a se familiarizar com a hierarquia do conhecimento através dos sumários de livros. Embora seja útil nesse estágio delimitar o assunto geral para torná-lo um subtópico mais viável de ser trabalhado, a definição do foco para a pesquisa é algo mais complexo.

O foco deve ser um aspecto do assunto que seja particularmente interessante e intelectualmente provocativo para os estudantes, motivando-os a interpretar as informações que reuniram e a formar ideias e opiniões próprias. O foco proporciona um núcleo significativo para a pesquisa. Ele emerge à medida que os estudantes exploram informações e se desenvolvem – e até pode mudar – enquanto eles leem e aprendem sobre o assunto que escolheram.

A tarefa do estágio de exploração de informações é diferente daquela do estágio anterior, de seleção do assunto, no qual os estudantes não podem progredir até que tenham concluído a tarefa de selecionar o assunto. No estágio de exploração, os alunos conseguem explorar informações mesmo sem procurar e sem definir o foco para a pesquisa, adiando ou mesmo negligenciando essa tarefa enquanto continuam com suas buscas. Entretanto, prosseguir sem um

---

[11] A familiaridade do aluno com a classificação bibliográfica é possível em bibliotecas formalmente organizadas, que utilizam sistemas de classificação, como, por exemplo, a Classificação Decimal Universal (CDU) ou a Classificação Decimal de Dewey (CDD).

foco resulta em dificuldades para muitos estudantes quando estão organizando informações e preparando o trabalho escrito. Se não definem o foco, percebem que as informações que coletaram não se encaixam num esquema lógico, e que muitas delas são irrelevantes ou inúteis. Os estudantes precisam de orientação para definir o foco em torno do qual coletam e organizam suas informações.

Um aluno descreveu sua dificuldade em escrever o trabalho de pesquisa por não ter definido o foco: "Eu tinha uma ideia geral, não um foco específico, mas uma ideia. Enquanto escrevia, não sabia qual era o meu foco. Quando terminei, não sabia qual era o meu foco. Minha professora disse que não sabia qual era o meu foco. Eu acho que nunca defini o foco. Era um trabalho impossível de se escrever. Então eu ficava lá e dizia 'Estou empacado'. Não havia qualquer esquema porque não havia foco e nada para fazer. Se aprendi alguma coisa neste trabalho, foi que é preciso ter um foco. Precisa ter alguma coisa para centrar-se nela, não pode apenas ter um assunto. Você deve ter uma ideia quando começa. Eu tinha um assunto, mas não sabia o que queria fazer com ele. Imaginei que, quando fizesse minha pesquisa, o foco ia aparecer. Mas isso não aconteceu. Continuei dizendo 'isso é interessante, aquilo também é, e eu vou simplesmente colocar tudo junto'. Isso não funcionou".

Os estudantes devem terminar o estágio de exploração de informações prontos para definir o foco para suas pesquisas. Podem até ter mais de um caminho para desenvolver os assuntos e cada um deles deve ser explorado durante esse estágio, enquanto se preparam para a decisão de definir o foco, que vai ocorrer no próximo estágio do processo de pesquisa.

Os alunos devem ser direcionados a buscar o foco depois de terem selecionado o assunto e, para isso, precisam de orientação para aprender a usar os recursos informacionais.

Sentimentos dos estudantes durante a exploração de informações

Quando selecionam inicialmente o assunto, os estudantes normalmente experimentam um sentimento de satisfação e ficam muito otimistas a respeito do resultado de suas pesquisas. Contudo, quando começam a explorar as fontes de informação, é raro encontrarem exatamente aquilo que tinham em mente a princípio. Começam a ficar confusos, já que os textos que encontram podem apresentar pontos de vista opostos e perspectivas conflitantes. Os estudantes encontram fragmentos e trechos de informações que parecem desconexos e inconsistentes. Até que um fio condutor seja encontrado, informações divergentes e conflitantes muitas vezes parecem ser totalmente incompatíveis. Além disso, até que o aluno tenha identificado um aspecto para nele se concentrar, a quantidade de informações sobre o assunto pode ser sufocante. Como resultado, a confusão dos estudantes aumenta à medida que continuam a coletar informações. Podem surgir dúvidas sobre a validade do assunto e sobre suas habilidades para realizar a tarefa, e o sentimento de incerteza costuma se tornar bastante ameaçador.

Nesse estágio do processo de pesquisa, alguns estudantes expressaram seus sentimentos do seguinte modo: "Eu estava muito confuso até o dia 25. Não tinha qualquer ideia da direção em que eu estava". "Senti um tipo de cegueira porque não sabia o que estava procurando". "Parecia haver muito a fazer. Isso realmente me assustou. É um assunto muito amplo. Tentei delimitá-lo, mas acho que não consegui fazer isso muito bem".

Aprender a lidar com os sentimentos

Muitos estudantes acham que este é o estágio mais difícil no processo de pesquisa. É comum que fiquem desanimados pela amplitude, inconsistência e incompatibilidade das informações que encontram. É importante para os pesquisadores iniciantes aprender a administrar os sentimentos de confusão e incerteza. Alguns passos positivos que podem dar em direção ao controle de seus sentimentos são compreender que outros têm experiências similares e aceitar esses sentimentos como parte normal do processo de pesquisa.

Quando estão preparados para enfrentar sentimentos de confusão ao explorar pela primeira vez seus assuntos, os alunos podem tolerar suas incertezas e aprender a conviver com a frustração durante algum tempo, enquanto adquirem melhor compreensão do assunto e investigam possíveis maneiras de focalizá-lo.

Usando a linha do tempo do processo de pesquisa para mostrar a sucessão de sentimentos, os estudantes podem identificar onde se encontram no processo e se tornarem conscientes dos sentimentos comuns neste estágio em particular (Ver *Atividade 3-1 – Linha do tempo do processo de pesquisa*).

Disposição para aprender

Neste estágio, a atitude dos estudantes enquanto estão reunindo informações é extremamente importante. Podem facilmente ficar desanimados e se aborrecerem com suas tarefas ou lidar com ela de forma muito conclusiva, sem flexibilidade e abertura para aprender. Um clima convidativo ajuda-os a trabalhar na tarefa de explorar informações na procura por um foco.

Estudantes que lidam com a tarefa com disposição para aprender estarão prontos para explorar diferentes modos possíveis de conduzir suas pesquisas. Embora precisem definir o foco, precisam também ter tempo para descobrir o leque de opções disponíveis. Escolher o primeiro foco que lhes ocorre pode impossibilitar outras opções que resultariam numa pesquisa mais satisfatória e produtiva.

Exigir que, nesse ponto, os estudantes elaborem uma hipótese de pesquisa formal pode levar a um desfecho prematuro. É melhor estimulá-los a aprender sobre os assuntos, lendo e refletindo sobre informações que encontraram, antes de decidir sobre o foco.

Uma aluna descreveu como optou pelo primeiro foco que descobriu e por isso encontrou dificuldades. Ela tinha escolhido pesquisar a obra de Hemingway.[12] No primeiro livro que consultou, encontrou uma referência ao herói pragmático[13] e decidiu centrar sua pesquisa em torno dessa ideia. Mais tarde descobriu

---

[12] Ernest Hemingway (1899-1961). Escritor estadunidense, Prêmio Nobel de literatura de 1954. Principais obras: *O velho e o mar, Adeus às armas, Por quem os sinos dobram*, entre outras.

[13] *Code hero*, na expressão original, o herói de Hemingway é sempre um ser pragmático, inclinado a determinar seus valores por si próprio, no momento mesmo da ação, isto é, que cria o próprio código de valores, sem tomar conhecimento da experiência acumulada pela tradição. É um aficionado do real, que só acredita naquilo que conhece empiricamente.

que essa era uma perspectiva do autor e não conseguiu encontrar material suficiente sobre isso. Ela descreve sua experiência deste modo: "O primeiro livro que usei tinha informações sobre o herói pragmático, então pensei que encontraria o mesmo tema em outros, mas não encontrei. Quanto mais procurava, menos achava".

Outra estudante escolheu o foco antes de consultar qualquer material: "Eu mencionei algo sobre Jane Eyre, e um amigo me recomendou o tema de Cinderela em Jane Eyre.[14] Pensei que era uma boa ideia. Procurei em tudo, mas não encontrei nada. Estava quase arrancando os cabelos". Ambas as estudantes tentaram definir o foco sem explorar adequadamente as informações no material consultado.

Busca de informações

A busca de informações na perspectiva da pesquisa baseada em processo difere, de forma significativa, do modo como os estudantes comumente usam as fontes de informação. No cerne da abordagem baseada em processo, está o conceito de que suas ideias sobre os assuntos mudam e se desenvolvem valendo-se das informações que reúnem. Assim que localizam informações, são incentivados a ler e a refletir sobre elas. Os pensamentos que formam com base em suas leituras os levam a buscar informações relacionadas. O ato de pensar e de construir ideias continua durante todo o processo à medida que buscam informações mais específicas e progridem ao longo da busca.

A ênfase da abordagem baseada em processo está no desenvolvimento de pensamentos e ideias sobre o assunto. Os alunos aprendem mais sobre o assunto enquanto estão pesquisando e reunindo informações do que depois que a busca bibliográfica tenha sido concluída. À medida que leem sobre os assuntos que escolheram, podem começar a ter ideias para focalizar a pesquisa.

---

[14] *Jane Eyre* é o título e o nome da protagonista do mais famoso romance da escritora inglesa Charlotte Brontë (1816-1855), publicado em 1847. Explora a temática da Cinderela contando a história de uma órfã que vive com uma tia que a detesta e, após muitas atribulações, casa-se com o pai de uma aluna e tem uma vida feliz.

Depois que o foco tiver sido escolhido, precisam coletar somente aquelas informações diretamente relacionadas a ele.

No estágio de exploração, a finalidade da busca é diferente da coleta de informações que ocorre mais tarde, depois que o foco foi escolhido. Acontece frequentemente que os dois tipos de busca costumam ser agrupados, com o infeliz resultado de que nenhuma das duas será efetivamente concluída. Em muitos casos, o estágio de exploração é feito apressadamente ou protelado até o início da redação, ou mesmo totalmente negligenciado. Assim, o estágio de coleta de informações específicas sobre o foco é sobrecarregado por material geral, não pertinente ao foco.

Em cada estágio do processo de pesquisa, as fontes de informação são usadas para diferentes finalidades. Embora as mesmas fontes possam ser consultadas repetidamente, as informações que os estudantes estão procurando mudam em cada estágio. Suas necessidades de informação se modificam à medida que a pesquisa progride, como também melhoram suas habilidades para expressar aquelas necessidades. No estágio de exploração, os estudantes não estão preparados para explicar precisamente que informações estão procurando. Estão explorando para clarear suas ideias, o que vai prepará-los para serem mais precisos em suas solicitações por informações.

No levantamento preliminar que ocorre no Estágio 2 (Seleção do assunto), os estudantes precisam ter visão geral sobre os assuntos que procuram e fazer uma estimativa sobre a quantidade e o tipo de material disponível. Quando procuram o foco na busca exploratória, que ocorre no Estágio 3 (Exploração de informações), precisam ler para definir e ampliar suas ideias sobre o assunto. Já, quando coletam informações sobre o foco, no Estágio 5 (Coleta de informações), necessitam que elas sejam pertinentes e específicas.

Em cada estágio do processo de pesquisa, as mesmas fontes de informação são usadas para diferentes propósitos. No levantamento preliminar, a enciclopédia pode ser utilizada para obter visão geral do assunto, enquanto, na busca exploratória, essa fonte pode ser consultada para se descobrir os vários aspectos do assunto que possam ter sido escolhidos como foco. No estágio de coleta de informações, a enciclopédia pode ser consultada para obter fatos específicos sobre um aspecto particular do assunto geral. De modo similar, a internet pode ser usada para diferentes propósitos em cada tipo de busca. No levantamento preliminar, usando ferramentas de busca, tem-se uma ideia do volume de informações existentes sobre o assunto geral. Na busca exploratória, clicando-se nos *links* sugeridos pelas ferramentas de busca, é possível ler sobre o assunto e avaliar seus diferentes aspectos. Finalmente, no estágio de coleta, são selecionados, entre os sites apontados pela busca, aqueles que contenham informações pertinentes, relevantes, específicas e confiáveis sobre o foco.

Visão do universo informacional

Os alunos precisam aprender a pensar na biblioteca como um sistema de informação que disponibiliza uma variedade de material organizado para fácil acesso e devem questionar de que maneira cada tipo de material pode fornecer informações sobre os assuntos de pesquisa. Estudantes que compreendem que a biblioteca tem diferentes tipos de material, tais como obras de referência,[15] não ficção, ficção, biografias, revistas, jornais, folhetos e recursos audiovisuais, podem aprender a buscar informações utilizando instrumentos de acesso específicos de cada material. Devem aprender a fazer uma busca bibliográfica completa, localizando diferentes tipos de material, mais do que se satisfazer com alguns livros localizados rapidamente por meio do catálogo da biblioteca.

Embora diferente da biblioteca, a internet também deve ser vista como um sistema de informação. A diferença principal, no que diz respeito ao uso por estudantes, é que, geralmente, a coleção da biblioteca escolar é formada por material escolhido especialmente em função das necessidades didáticas e dos níveis de formação dos alunos. Além disso, o material da biblioteca, de modo geral, é selecionado entre aqueles publicados por organizações/pessoas de

---

[15] A coleção de referência da biblioteca é composta de material de consulta, tais como dicionários, enciclopédias, almanaques, atlas, bibliografias, dados estatísticos, que serão denominados daqui para frente de *obras de referência*, seja em que formato estiverem: impressos, CD-ROM, *on-line*.

reconhecida autoridade. A internet, ao contrário, apresenta um conjunto de conteúdos dos quais nem sempre é possível se estabelecer autoria ou responsabilidade de publicação. O volume de resultados encontrados numa pesquisa feita através de uma ferramenta de busca nos mostra que a quantidade de conteúdos postados na internet aumenta em escala exponencial. Isso significa que é preciso escolher as informações adequadas, sabendo perceber sua pertinência, relevância e confiabilidade. Dos muitos resultados de uma pesquisa apresentados por determinada ferramenta de busca, consideram-se pertinentes aqueles cujo conteúdo está realmente relacionado ao assunto da pesquisa. Relevante é aquele que apresenta informações novas, que acrescentem dados ao conhecimento prévio sobre o assunto. E confiável é o conteúdo postado por fonte (pessoa/organização) idônea. Nem sempre um site permite estabelecer quem é o seu responsável ou autor. Uma das maneiras de se estabelecer o grau de confiabilidade de um site, quando a autoria não aparece explicitamente, é verificar seu endereço, chamado *Uniform Resource Locator* (URL). Um URL é composto geralmente de protocolo, abreviatura de World Wide Web (www), servidor, domínio e país. Veja o exemplo:

---

http://www.pbh.gov.br/

http ▶▶ é o protocolo que estabelece o padrão para a transferência dos dados

www ▶▶ significa World Wide Web (Teia de Alcance Mundial)

pbh ▶▶ servidor que armazena os dados a serem acessados (no exemplo, Prefeitura de Belo Horizonte)

gov ▶▶ domínio: explicita tratar-se de site governamental

br ▶▶ país: explicita tratar-se de site nacional (brasileiro)

Aconselha-se não utilizar, para fins de pesquisa, informações postadas em *blogs* e páginas pessoais. Ao contrário, *sites* que possuam domínio .edu associam-se a instituições de ensino, bem como *sites* com o domínio .gov são *sites* governamentais e, por isso, supostamente de autoria idônea.

Além da pertinência, da relevância e da confiabilidade, é importante observar-se a questão da volatilidade das informações apresentadas no meio eletrônico. Na busca por informações, duas datas devem ser levadas em consideração: a data em que o *site* sofreu sua última atualização[16] e a data em que o usuário acessou o *site*. Anotar esta última é importante porque, graças ao caráter efêmero, nada garante que outro usuário, ao visitar o *site* em outra ocasião, vai encontrar a mesma informação. A data de acesso marca, portanto, as informações disponíveis naquele *site* em determinada ocasião.

O bibliotecário também pode ser considerado uma fonte ou meio de acesso à informação. Os alunos precisam aprender quando solicitar assistência e como expressar suas necessidades de informação. Deveriam aprender a nunca sair da biblioteca sem o material que estão buscando, sem antes terem consultado o bibliotecário, que pode, muitas vezes, detectar problemas na busca e oferecer orientações que possam levar à informação desejada. Os estudantes podem ser orientados a ampliar sua busca, por exemplo, consultando catálogos de outras bibliotecas na internet e visitando pessoalmente essas bibliotecas, que, na maior parte, são abertas ao público. Outra opção que o bibliotecário pode oferecer é o serviço de empréstimo entre bibliotecas ou comutação bibliográfica,[17] por meio do qual material não disponível na biblioteca pode ser obtido em outras bibliotecas.

Identificação de termos de busca

Antes de consultar as fontes de informação, os estudantes devem ser orientados a identificar, em enciclopédias e dicionários, questões básicas, tais como "quem", "o que", "quando" e "onde", sobre os assuntos que escolheram. As respostas se tornam termos de busca que serão usados quando estiverem prontos para consultar instrumentos de acesso, como catálogos de bibliotecas, motores de busca na internet, índices de revistas e outros.

---

[16] A volatilidade significa que os dados disponíveis no meio eletrônico são constantemente alterados. A data da última atualização informa, portanto, o quão recentes são as informações apresentadas naquele momento.

[17] Esses serviços permitem que a biblioteca obtenha material de outras bibliotecas, seja por empréstimo do próprio item (como livros, por exemplo), seja pelo fornecimento de cópia (como artigos de revistas, por exemplo).

A enciclopédia é uma excelente fonte de termos de busca e, ao lerem os verbetes, os estudantes devem anotar datas e locais mencionados. Nomes de pessoas que contribuíram para o assunto ou estão de algum modo envolvidos com ele também são pistas úteis. Quando os alunos listam termos que representam seus assuntos de pesquisa, estão preparados para conduzir a busca abrangente nas fontes de informação.

Exploração de ideias

Quando uma turma de alunos chega à biblioteca depois de receber a tarefa de pesquisa, observa-se um padrão de comportamento familiar. Confusão geral, tumulto e barulho predominam. Todos solicitam orientação e demandam material imediatamente. O bibliotecário fica no meio do tumulto, tentando dar assistência a cada estudante, tão rapidamente quanto possível. De repente, o sinal toca anunciando o fim do horário de aula e eles saem com qualquer material que encontraram. O bibliotecário suspira aliviado e se prepara para a próxima investida de pesquisadores ansiosos e apressados.

O processo inteiro precisa ser desacelerado e abordado de forma mais inteligente. Os alunos precisam de tempo para explorar as informações que reuniram e desenvolver ideias sobre o assunto. O estágio de exploração incorpora as ações de relaxar, ler e refletir.

Relaxar

Relaxar pode parecer atitude incomum a se recomendar a estudantes que estão fazendo um trabalho de pesquisa. Mas, quando se apressam na busca por informações, suas ideias sobre o assunto têm pouca possibilidade de se desenvolver durante o processo. Agindo de forma mais relaxada, podem ler e refletir sobre as informações encontradas, começando a definir e a ampliar suas ideias sobre o assunto enquanto estão reunindo informações.

Mesmo assumindo uma atitude de relaxamento, os alunos devem centrar sua atenção na tarefa de explorar o foco e precisam compreender claramente aquilo que estão procurando. Em vez da acumulação negligente e indiscriminada de material, deve-se estimular a abordagem reflexiva, atenta e interessada para a busca de informações. Um estudante se refere à busca bibliográfica como um "assalto à biblioteca". Infelizmente, "assalto" é um termo que descreve como muitos alunos utilizam a biblioteca e isso pode resultar em danos permanentes ao material e não é, nem de longe, tão produtivo como seria uma atitude relaxada e reflexiva para aprender.

Outro estudante descreve uma abordagem mais relaxante, na qual estava aberto para aprender sobre o assunto nos primeiros estágios do processo de pesquisa: "Comecei a ir à biblioteca todo domingo. Toda vez que eu ia, ficava sentado perto do material de literatura e pegava coisas sobre teatro, procurando o que falavam sobre peças teatrais e drama. Na maior parte do tempo, não eram particularmente úteis, mas me davam ideias. Normalmente me sento sozinho e leio, mas não faço uma leitura aprofundada até chegar ao final".

Ler

Ler para se informar sobre um assunto é a estratégia primária para explorar o material, a fim de encontrar o foco da pesquisa. Por meio da leitura, os estudantes aprendem sobre os assuntos, definem e ampliam sua compreensão. A leitura o leva a notar fatos interessantes, tornando-os conscientes de pessoas influentes envolvidas, eventos relacionados e mesmo controvérsias relativas ao assunto. Descobrem pontos de vista opostos. Tudo isso os conduz para o foco da pesquisa. Ler é uma atividade essencial no estágio de exploração, e raramente o foco pode ser identificado sem leitura cuidadosa.

Uma prática comum dos estudantes é ler só depois que a busca bibliográfica foi finalizada. Muitas das dificuldades na elaboração de trabalhos escritos originam-se dessa prática. Eles adiam a leitura, a reflexão e a focalização dos assuntos até que estejam prontos para escrever. Sem ideias claras sobre como vão focalizar as informações que reuniram, percebem que suas ideias não estão suficientemente desenvolvidas para escrever sobre o assunto. Trabalhos confusos e incoerentes são resultado de ideias vagas e pouco desenvolvidas. A leitura para encontrar o foco deveria ser feita durante o processo de pesquisa. O trabalho deve ser estruturado e redigido depois que a busca bibliográfica tiver terminado.

Refletir

À medida que os estudantes refletem sobre suas leituras, vão desenvolvendo ideias sobre o assunto. Ideias se ampliam por meio de leitura do que outros escreveram sobre o assunto e de reflexão. A reflexão requer leitura cuidadosa e tempo, evocando imagens de ponderação, calma e tranquilidade. Como um aluno observou, "eu simplesmente deixo tudo 'assentar' por algum tempo". Alguns não percebem que estão pensando sobre os assuntos justamente nesse momento. Muitos estudantes descrevem a experiência de uma ideia lhes surgir de repente quando menos esperavam. No entanto, há uma linha tênue entre refletir e protelar. É difícil, até para pesquisadores experientes, saber quando estão germinando uma ideia e quando estão adiando o trabalho num projeto difícil.

O conceito mais importante aqui é que ideias sobre um assunto precisam de algum tempo para se desenvolver. Ler e refletir são atividades complementares que permitem o florescimento de ideias. À medida que os estudantes se tornam conscientes da necessidade de refletir, aprenderão a dedicar tempo para isso e lerão durante o processo para estimular a reflexão.

Flexibilização do tempo

No estágio de exploração, as ações de relaxar, ler e refletir não costumam ocorrer, a menos que haja flexibilização do tempo dado aos alunos para a busca de informações. O tempo de aula gasto na busca é similar a uma sessão no laboratório de ciências. A biblioteca pode ser considerada um laboratório para aprender a pesquisar em fontes de informação.

Em uma tarefa típica de pesquisa, os estudantes são levados à biblioteca, durante um ou mais horários de aula, para localizar material sobre assuntos escolhidos. Geralmente, espera-se que eles retornem à biblioteca da escola ou a qualquer outra, por conta própria, para continuar suas pesquisas. Entretanto, estipular apenas um horário formal de busca cria para os estudantes a falsa impressão de que só isso é suficiente para que reúnam todo o material necessário e que podem passar, em seguida, para a leitura, organização e preparação do trabalho escrito.

Os alunos devem compreender que têm diferentes necessidades de informação em cada estágio do processo de pesquisa, e que as fontes podem atendê-los em cada um deles. Durante a tarefa de pesquisa, devem ser agendadas três aulas para a busca permitindo aos estudantes diferenciar com clareza entre o levantamento preliminar, a busca exploratória e a coleta de informações específicas sobre o foco. Em cada aula, o propósito e o procedimento de busca que realizam podem ser explicados, demonstrados e praticados.

A busca exploratória deve ser separada da busca do estágio de coleta de informações, quando se está ensinando aos estudantes a usar as fontes de informação. Pesquisadores experientes leem sobre o assunto e refletem sobre ele por um período de tempo. Depois que algumas ideias estão esquematizadas, eles voltam a reunir informações especificamente relacionadas com as ideias desenvolvidas e com a forma como apresentarão o assunto. Do mesmo modo, os alunos podem explorar as fontes de informação e voltar uma ou duas semanas depois a coletar informações. Se forem realizadas duas ou três sessões distintas de busca, eles tornam-se aptos a aprender a diferença entre os tipos de busca e os diferentes objetivos para os quais o material localizado pode ser usado.

Na aula em que ocorre a busca exploratória, os estudantes podem aprender técnicas para localizar informações que vão expandir sua compreensão e estimular o pensamento. São incentivados a ler o que encontraram e a pensar sobre as novas informações com que se depararam, tendo oportunidade de escrever e falar sobre ideias que estão emergindo.

Possibilidades de focalizar o assunto da pesquisa

Depois que os estudantes leram e refletiram sobre os assuntos, podem começar a lhes ocorrer possíveis modos de focalizar a pesquisa. Por meio da prática e da experiência, eles aprendem a reconhecer um possível foco no âmbito das informações que encontram. É difícil para o pesquisador iniciante identificar o foco. Um estudante descreveu sua experiência deste modo: "Normalmente eu não tenho problemas com tarefas de pesquisa. Mas desta vez é tão focalizada que está muito mais difícil. Os outros trabalhos de pesquisa que tive que fazer eram genéricos. Desta vez, o professor quer um foco mais restrito, em profundidade. Estava difícil escolher – não escolher, mas delimitar".

Depois de fazer algumas leituras iniciais, os alunos frequentemente gostam de falar sobre o assunto e muitos o discutem com amigos e pais. Para dar-lhes oportunidade de falar sobre suas ideias com colegas de sala, podem ser programados períodos de discussão durante as aulas. Na preparação para a discussão, eles precisam ler e pensar sobre os assuntos. Expressar e apresentar ideias sobre o assunto a outras pessoas ajuda os estudantes a clarear os pensamentos.

Grupos para discussão devem ser pequenos, com até cinco estudantes, de forma a assegurar que cada um tenha ampla oportunidade para falar. Os comentários dos colegas de sala muitas vezes dão o retorno necessário para determinar aspectos do assunto que são de especial interesse e também identificar problemas que podem ser encontrados posteriormente na pesquisa. Além disso, os grupos servem ao propósito de compartilhamento de informações com os colegas. A maioria dos trabalhos de pesquisa é feita para cobrir um assunto não incluído no livro texto da disciplina, mas que tenha relação significativa com o conteúdo programático. Assim, pode ser enriquecedor compartilhar as informações exploradas com outros estudantes da classe. À medida que expressam suas ideias e ouvem as reações de colegas, as possibilidades de focalizar o assunto podem se tornar mais claras.

Depois que percebem essas possibilidades, os estudantes precisam explorar cada uma delas nas fontes de informação. Necessitarão de informações para prever os resultados de cada possível foco escolhido, e as escolhas serão baseadas nessas previsões. A precisão de seus prognósticos sobre os resultados da pesquisa dependerá de quão efetivamente tiverem usado as fontes de informação.

O bibliotecário precisa estar ativamente envolvido no estágio de busca exploratória. À medida que a busca progride, os estudantes devem procurar informações mais específicas, e o bibliotecário pode ajudá-los na técnica de progredir de fontes gerais para fontes específicas.

Anotação de ideias

Durante o estágio de exploração, embora os alunos não precisem tomar notas extensas e detalhadas, devem ser encorajados a registrar suas ideias. O diário é um excelente instrumento para anotarem reflexões sobre suas leituras. Depois de terem lido sobre o assunto, podem escrever sobre o que considerem ser particularmente interessante e também anotar observações pessoais.

Escrever é uma boa estratégia para clarear o pensamento. Assim como falar sobre o assunto ajuda os estudantes a desenvolver ideias por terem necessidade de expressá-las para outros, escrever os auxilia a clarear as ideias por terem necessidade de registrar seu pensamento. Pode-se dar aos estudantes orientações específicas para escrever sobre os assuntos. Na parte de atividades deste capítulo, estão incluídos vários exercícios de redação para definir o foco.

Registro do material consultado

Desde o começo do processo de pesquisa, os estudantes devem manter o registro completo do material que consultaram. No estágio de exploração, devem ser aconselhados a anotar as referências bibliográficas de todo o material que usaram. Eles retornarão a esse material em estágio posterior e, assim, não precisarão localizá-lo novamente cada vez que tiverem de referir-se a um material. Sugere-se o uso de uma *Lista de material consultado* (ver *Atividade 3-7 – Lista de material consultado*) para registrar o material no momento em que é consultado. As folhas de exercícios desta atividade também incluem espaço para descrição resumida do material, o que os ajudará a retornar posteriormente a ele, quando for necessário.

Deve ser recomendado um manual de normalização e a forma de referência bibliográfica nele sugerida deve ser seguida quando os alunos forem registrar os materiais consultados em suas listas (uma relação de manuais está disponível na página 121).

Deve-se prevenir os estudantes com relação ao plágio, pois é fácil, involuntariamente, plagiar ideias alheias. Ao ler e refletir, os alunos acabam por considerar como próprias as novas ideias que encontram. Eles precisam ser alertados contra a adoção de ideias sem a identificação da fonte, isto é, do material de onde retiraram aquela ideia. A *Lista de material consultado* é um complemento necessário para o diário. No diário, os estudantes registram ideias que desenvolvem, misturando reações pessoais com fatos e ideias apresentadas pelo autor. Na *Lista de material consultado*, registram as referências, citações e descrições resumidas dos documentos que leram. A maioria dos estudantes considera a lista útil para não perder de vista todos o material consultado durante a busca.

Papel do professor e do bibliotecário

No estágio de exploração, o professor e o bibliotecário trabalham como parceiros para ajudar os estudantes a se preparar para definir o foco. O professor estrutura as atividades de pesquisa para encorajá-los a relaxar, ler e refletir à medida que exploram as fontes de informação. Orienta os estudantes a anotar ideias e não fatos detalhados, levando-os a perceber possibilidades de focalizar os assuntos.

O bibliotecário ajuda na realização da busca exploratória. Levando os estudantes a identificar termos de busca e a considerar a variedade de material disponível, o bibliotecário os conduz a explorar informações sobre seu assunto para definir o foco.

As atividades a seguir ajudam os estudantes a explorar informações sobre seus assuntos para procurar o foco.

Atividades

▶▶ Atividade 3-1 – Linha do tempo do processo de pesquisa

A linha do tempo ajuda os estudantes a visualizar o processo de pesquisa como um todo, capacitando-os a perceber em que estágio se encontram, a definir a tarefa que têm à frente e a saber que sentimentos esperar. Esta atividade também os auxilia a ter um sentido real de tempo durante todo o processo de pesquisa.

Duração
- 20 minutos

Material
- Quadro-negro.

Nota
- Esta é uma extensão da *Atividade 1-4 – Linha do tempo do processo de pesquisa*.

Conduzida por
- Professor ou bibliotecário.

Instruções

Desenhe a linha do tempo do processo de pesquisa no quadro-negro, marcando o primeiro, o segundo e o terceiro estágios, como mostrado abaixo:

Solicitação do trabalho pelo professor	Seleção do assunto	Exploração de possíveis focos

Faça uma revisão dos dois primeiros estágios e identifique brevemente o terceiro, lembrando aos alunos que eles receberam a tarefa, já selecionaram o assunto e agora estão prontos para explorá-lo na busca de um foco para a pesquisa. Aponte para o lugar na linha do tempo que representa o terceiro estágio.

Descreva a tarefa do terceiro estágio, esclarecendo que ela consiste na leitura atenta sobre o assunto escolhido. Estimule os alunos a aprender mais sobre ele e a procurar aspectos nos quais estejam particularmente interessados. Aconselhe-os também a anotar ideias que sejam mais provocativas intelectualmente e a refletir sobre possíveis modos de focalizar a pesquisa. Ressalte que necessitarão explorar o assunto para identificar e definir o foco.

Descreva os sentimentos que os alunos provavelmente experimentarão no terceiro estágio, ponderando que, para muitos, este é o estágio mais difícil no processo de pesquisa. Ressalte que, quando começarem a localizar material sobre o assunto, serão confrontados com diferentes tipos de informação. Essa pode ser uma situação complexa, pois suas ideias sobre o assunto podem ser diferentes daquelas que encontraram. Algumas vezes há tantas informações que eles não saberão por onde começar. Provavelmente se sentirão confusos e inseguros, e talvez desestimulados.

Encoraje-os a tolerar esses sentimentos e a começar a ler para aprender mais sobre o assunto.

Acompanhamento

Esta atividade deve ser seguida por outras que ajudem os estudantes a explorar as fontes de informação para a definição do foco.

▶▶Atividade 3-2 – Estrutura hierárquica dos assuntos

Esta atividade leva os estudantes a pensar sobre o assunto geral que abarca o assunto que escolheram. Compreendendo a estrutura hierárquica dos assuntos, os estudantes poderão encontrar outros termos que os ajudem a localizar material sobre o tema.

Duração
- Um horário de aula.

Material
- Cópias de sumários de livros selecionados, que possibilitem visualizar a estrutura do assunto, de preferência em vários níveis.

Conduzida por
Professor e bibliotecário.

Instruções
Distribua cópias dos sumários para cada estudante. É bom esclarecer que algumas vezes o sumário é chamado equivocadamente de "índice". Peça-lhes para observar como o conteúdo do livro é estruturado. Chame a atenção para os assuntos mais amplos, que são representados pelas unidades, capítulos ou módulos, e para os subtópicos ou assuntos mais específicos, que são listados abaixo de cada assunto. Explique que deverão pesquisar nas fontes de informação usando todos os termos mais específicos que representem o foco.

Variação
Além de sumários de livros, pode-se usar verbetes de enciclopédias para levar os estudantes a entender a hierarquia de assuntos. Na *Enciclopédia Mirador Internacional*, por exemplo, há verbetes que possuem no início um pequeno sumário (embora essa denominação não apareça explicitamente).

Acompanhamento
Encoraje os estudantes a conversar com o professor e com o bibliotecário se estiverem em dúvida sobre que palavras usar como termos de busca.

Exercício da Atividade 3-2

Nome: _____

Data: _____

Assunto: _____

Estrutura hierárquica dos assuntos

Anote em ordem hierárquica todas as palavras que você encontrou nos sumários que possam servir como termos de busca para sua pesquisa sobre o foco.

▸▸Atividade 3-3 – Identificação de termos de busca

Esta atividade ajuda os estudantes a encontrar termos para serem usados na busca em fontes de informação. Eles aprendem a usar enciclopédias gerais como fontes de termos de busca.

Duração
- Um horário de aula.

Conduzida por
- Bibliotecário e professor.

Material
- Enciclopédias gerais (impressas ou eletrônicas).

Instruções

Explique aos alunos que eles precisarão usar termos ou palavras-chave para buscar informações nas fontes. Esclareça que termos de busca são palavras que representam o assunto a ser pesquisado e que servem para localizar material no catálogo da biblioteca, na internet ou em índices de revistas. Explique aos estudantes como podem encontrar termos de busca, ressaltando que a enciclopédia é uma excelente fonte para encontrá-los. Lembre-lhes de que, ao lerem na enciclopédia verbetes sobre seu assunto, devem anotar o que, quando, onde e quem. Essas informações podem constituir termos de busca ou palavras-chave para ajudá-los a realizar a busca nas fontes de informação. Estimule-os a identificar de cinco a dez termos diferentes sobre seu assunto, realizando o *Exercício Identificação de termos de busca*, observando no verbete da enciclopédia os seguintes elementos e fazendo uma lista dos termos encontrados.

1. Termos e palavras-chave
2. Datas de eventos importantes
3. Nomes de lugares
4. Nomes de pessoas que contribuíram ou se envolveram de algum modo
5. Assunto geral ou disciplina à qual o assunto pertence

Acompanhamento

Recolha as listas de termos e anote omissões ou incorreções, devolvendo-as, em seguida.

Exercício da Atividade 3-3

Nome: _____
Data: _____
Assunto: _____

Identificação de termos de busca

Termos de busca são palavras-chave que descrevem o assunto. São usados para encontrar informações nas fontes. Procure seu assunto numa enciclopédia geral e identifique de cinco a dez termos de busca diferentes nas seguintes categorias:

1. Termos e palavras-chave

2. Eventos importantes relacionados com seu assunto

3. Locais relacionados com seu assunto

4. Pessoas relacionadas com seu assunto

5. Área ou disciplina da qual o assunto faz parte

▶▶Atividade 3-4 – Definições do assunto

Esta atividade incentiva os estudantes a usar dicionários para obter definições mais claras de seus assuntos. Eles aprendem a procurar definições fidedignas no início da pesquisa.

Duração
- Um horário de aula.

Observação
- Esta atividade pode ser combinada num horário de aula com a *Atividade 3-3 – Identificação de termos de busca*.

Conduzida por
- Bibliotecário ou professor.

Material
- Dicionários em versão completa.

Instruções

Diga aos alunos que é importante ter definições fidedignas de seus assuntos no início da pesquisa. Explique que definição fidedigna é aquela aceita pelos especialistas da área. Mostre a lista de editores e compiladores do dicionário.

Explique que um dicionário em versão completa fornece descrição mais completa e maior quantidade de informações sobre o assunto do que um dicionário abreviado. Por exemplo, O *Novo Dicionário Aurélio da Língua Portuguesa* (popularmente conhecido como *Aurelião*) contém 435 mil verbetes, ao passo que o *Miniaurélio* contém 30 mil.

Oriente os alunos a anotar as seguintes informações, usando o *Exercício Definições do assunto*.

1. Diferenças entre a definição fornecida pelo dicionário e o que os estudantes conhecem sobre o assunto
2. Definições que sejam novidade para eles
3. Sinônimos
4. Qualquer aspecto que não tenha ficado claro

Encoraje os estudantes a consultar o dicionário sobre qualquer aspecto da definição que não tenha ficado claro para eles.

Acompanhamento

Estimule os alunos a continuar a usar dicionários em versão completa para definir outros termos familiares que tenham visto sobre seus assuntos nos verbetes da enciclopédia.

Exercício da Atividade 3-4

Nome: _____

Data: _____

Assunto: _____

Definições do assunto

1. Encontre a definição de seu assunto em um dicionário completo. Escreva a definição abaixo.

2. A definição é diferente de como você entende o assunto? Liste o que é novidade para você.

3. O que não está claro na definição? Liste termos ou ideias que você não entendeu bem.

4. Localize e anote a definição dos termos que você não entendeu.

5. Anote sinônimos dos termos que você procurou.

▶▶Atividade 3-5 – Busca exploratória

Esta atividade guia os estudantes através da busca exploratória. Eles aprendem a visualizar o universo informacional a ser explorado na pesquisa. São encorajados a ler e a refletir à medida que localizam informações sobre seus assuntos na busca do foco.

Duração
- Pelo menos um horário de aula para cada um dos tipos de fonte de informação a serem utilizados, com tempo adicional para leitura.

Conduzida por
- Bibliotecário e professor.

Material
- Internet e coleção da biblioteca.

Instruções

Explique o objetivo de uma busca exploratória, lembrando aos alunos que, agora que escolheram o assunto de pesquisa, precisarão aprender mais sobre ele a fim de encontrar um foco para se concentrar. Ressalte que, na busca exploratória, eles procuram material que aumentará a compreensão do assunto. Reforce ainda que, com base na leitura desse material, precisarão encontrar o foco para a pesquisa.

Sugira que os estudantes pensem no universo informacional hoje disponível, formado por um conjunto de variadas fontes de informação. Recomende que, em vez de correr para a internet ou para o catálogo da biblioteca, pensem nos diferentes tipos de informação que existem nessas fontes. Na internet eles encontram um volume muito grande de informações de tipos diferentes, como bibliotecas virtuais, que oferecem, em meio eletrônico, serviços e acervos semelhantes aos de uma biblioteca tradicional. Por sua vez, a coleção da biblioteca é composta de obras de referência, tanto gerais quanto especializadas, livros de ficção, não ficção, biografias, revistas, jornais, folhetos e audiovisuais. Estimule-os a fazer a si mesmos a seguinte pergunta no início de sua busca: como cada tipo de fonte pode esclarecer sobre meu assunto?

Recomende que os estudantes usem sua lista de termos de busca, utilizando os vários instrumentos de busca: o catálogo da biblioteca, os índices de revistas e jornais, os índices de obras de referência, de livros da coleção geral, motores de busca da internet. Encoraje-os a utilizar diferentes instrumentos de busca, realizando o *Exercício Busca exploratória*. Ofereça ajuda aos estudantes que demonstrem dificuldade.

Acompanhamento

A *Atividade 3-6 – Ações do estágio de exploração: relaxar, ler, refletir* acompanha esta atividade. Deve ser realizada logo em seguida ou mesmo ao final desta aula, e não como uma atividade à parte.

Exercício da Atividade 3-5

Nome: _____

Data: _____

Assunto: _____

Busca exploratória

Explorar as fontes de informação o ajudará a definir o foco. Você precisará ler e pensar sobre o assunto que escolheu a fim de desenvolver suas ideias. Existem muitos tipos de fonte de informação disponíveis. De que maneira cada tipo de fonte pode levá-lo a aprender sobre seu assunto?

Usando sua lista de termos de busca, localize informações sobre seu assunto, utilizando os seguintes instrumentos:

1. Consulte o catálogo da biblioteca e liste os livros que você encontrou sobre seu assunto. Use o verso desta folha se necessário.

   NÚMERO DE CHAMADA   TÍTULO

2. Localize os livros nas estantes e, usando o índice incluído no final desses livros, encontre as páginas que tenham informações sobre seu assunto. Liste os títulos que contêm informações sobre seu assunto. Use o verso desta folha se necessário.

   NÚMERO DE CHAMADA   TÍTULO   PÁGINAS

3. Liste livros de referência que encontrou no catálogo relacionados com seu assunto. Usando os índices desses livros, localize as páginas que tenham informações sobre seu assunto. Use o verso desta folha se necessário.

   NÚMERO DE CHAMADA   TÍTULO   PÁGINAS

4. Usando sua lista de termos de busca, utilize uma ferramenta de busca para localizar informações sobre seu assunto na internet. Se necessário, altere suas expressões de busca, fazendo uso dos operadores booleanos, para obter melhores resultados. Navegue pelas páginas elencadas pela ferramenta de busca, verificando a pertinência, a relevância, a atualidade e a confiabilidade das informações. Liste os sites que contêm informações úteis sobre seu assunto. Use o verso desta folha se necessário.

   URL (endereço do site)   TÍTULO   DATA DE ACESSO

5. Visite sites de revistas eletrônicas e localize, por meio dos índices dessas revistas, artigos sobre seu assunto. Liste aqueles que contêm informações sobre seu assunto. Use o verso deste formulário, se necessário.

   URL TÍTULO AUTOR REVISTA DATA DA PUBLICAÇÃO

6. Localize alguma biblioteca escolar virtual. Liste o material que você encontrou sobre seu assunto específico no catálogo dessa biblioteca.

   TIPO DE MATERIAL   TÍTULO   AUTOR   LOCALIZAÇÃO

▶▶ Atividade 3-6 – Ações do estágio de exploração: relaxar, ler, refletir

Esta atividade é planejada para ocorrer logo após a busca exploratória. Os estudantes devem ser estimulados a relaxar, a ler e a refletir sobre o material que localizaram. Eles são encorajados a manter o registro de ideias interessantes mais do que apenas copiar aquilo que leram. Escrever sobre ideias é útil para levá-los a definir o foco para a pesquisa. A coleta de dados mais detalhada só pode ocorrer depois que o foco tenha sido escolhido.

Duração
- Um horário de aula e tempo adicional para leitura e reflexão.

Conduzida por
- Professor e bibliotecário.

Material
- Material que os alunos tenham reunido.

Instruções
Explique aos estudantes que eles precisam de tempo para explorar informações a fim de desenvolver ideias sobre seus assuntos. Descreva as três ações do estágio de exploração.

Relaxar. Não terem pressa na busca. Irem com calma e se engajar na busca de forma inteligente. Pensarem sobre o tipo de informação que estão procurando e quais fontes provavelmente serão mais úteis.

Ler. Tornarem-se mais bem informados sobre os assuntos é o objetivo principal neste estágio, de modo que possam escolher o foco. Ler o material que encontraram a fim de aprenderem mais sobre os assuntos.

Refletir. À medida que refletirem sobre o que leram, seus pensamentos sobre o assunto se desenvolverão e crescerão. Maneiras de focalizar o assunto começarão a aparecer.

As seguintes questões ajudam os alunos a refletir sobre suas leituras:

1. Que fatos novos e interessantes você aprendeu?
2. Que pessoas estão envolvidas com o assunto?
3. Que eventos estão relacionados ao assunto?

4. Há alguma controvérsia em torno do assunto?

5. Os autores apresentam pontos de vista opostos?

Acompanhamento

Na preparação para definir o foco, os estudantes devem ler para desenvolver ideias. Pode ser necessário monitorar as leituras para se assegurar de que não negligenciem esse passo. Eles podem usar os diários para escrever sobre suas leituras.

Exercício da Atividade 3-6

Nome: _____
Data: _____

Reflexão sobre a leitura

Releia a lista do material que você encontrou. Selecione um ou dois de cada tipo para ler e refletir. À medida que for lendo, escreva em seu diário as respostas para as questões a seguir.

1. Que novos fatos você aprendeu?

2. Que pessoas estão envolvidas com o assunto?

3. Que eventos estão relacionados ao assunto?

4. Há alguma controvérsia em torno do assunto?

5. Os autores apresentam pontos de vista opostos?

▶▶ Atividade 3-7 – Lista de material consultado

Nesta atividade, são apresentadas as listas de material nas quais serão registradas as referências bibliográficas dos documentos que os estudantes encontraram. Desde o início da pesquisa, eles aprendem a manter o registro preciso desses documentos e são prevenidos contra o uso de ideias de um autor como se fossem próprias.

Duração
- 20 minutos.

Conduzida por
- Professor ou bibliotecário.

Material
- Seis listas de material: *Exercícios 1 a 6 Lista de material consultado* e lista de manuais recomendados.

Preparação
- Providenciar cópias de cada lista de material para cada estudante.

Instruções

Alerte-os contra o plágio das ideias de autores, esclarecendo que, ao começar a pesquisa, vão encontrar vários tipos de material sobre o assunto, escritos por diferentes autores. Ressalte que, no estágio de exploração, podem ser tentados a se apropriar de novas ideias que encontram como se fossem suas. Lembre que precisarão manter o registro de cada documento ou material que consultarem, ou seja, da *fonte* de onde retiraram as informações para o trabalho.

Distribua as listas de material explicando que ali eles anotarão a referência de cada material. Mostre cada coluna da lista, explicando os elementos a serem incluídos nas referências, dando exemplos para cada coluna.

Explique que há também uma coluna para descreverem as informações contidas no material, incluída para ajudar a retornar a ele quando for preciso consultá-lo novamente, em momento posterior do processo de pesquisa. Oriente-os a descrever de forma significativa cada material, de modo a diferenciar cada um.

Variação

Alguns estudantes podem precisar de explicações mais detalhadas sobre o plágio. Elabore essa explicação a partir das demandas.

Manuais recomendados

- *Manual para normalização de publicações técnico-científicas*, publicado pela Editora UFMG.
- Padrão PUC Minas de Normalização
- MORE. Mecanismo On-line para Referências.

Acompanhamento

As listas de material consultado podem ser submetidas ao professor ou ao bibliotecário a cada semana, para serem conferidas e devolvidas aos alunos. Muitos estudantes precisam ser monitorados dessa forma no início da pesquisa. Isso também oferece oportunidade para sugerir material que tenham deixado escapar.

Exercício 1 da Atividade 3-7

Nome: _____
Data: _____
Assunto: _____

Lista de material consultado (livros)

Número de chamada _____   Descrição

Autor _____   _____

Título _____   _____

Cidade _____   _____

Editora _____   _____

Data _____   _____

Número de chamada _____   Descrição

Autor _____   _____

Título _____   _____

Cidade _____   _____

Editora _____   _____

Data _____   _____

Exercício 2 da Atividade 3-7

Nome: _____
Data: _____
Assunto: _____

Lista de material consultado (obras de referência)

Número de chamada _____   Descrição

Autor/editor _____   _____

Número de chamada _____   _____

Título da obra de referência _____   _____

_____   _____ _____

Título do verbete _____   _____

Cidade _____   _____

Editora _____   _____

Edição e data _____   _____

Volume _____   _____

Páginas _____   _____

Número de chamada _____   Descrição

Autor/editor _____   _____

Número de chamada _____   _____

Título da obra de referência _____   _____

_____   _____ _____

Título do verbete _____   _____

Cidade _____   _____

Editora _____   _____

Edição e data _____   _____

Volume _____   _____

Páginas _____   _____

Exercício 3 da Atividade 3-7

Nome: _____
Data: _____
Assunto: _____

Lista de material consultado (revistas)

Autor _____   Descrição
Título do artigo _____   _____
Título da revista _____   _____
Volume/número _____   _____
Páginas_____   _____
Data de publicação _____   _____

Autor _____   Descrição
Título do artigo _____   _____
Título da revista _____   _____
Volume/número _____   _____
Páginas_____   _____
Data de publicação _____   _____

Exercício 4 da Atividade 3-7

Nome: _____
Data: _____
Assunto: _____

Lista de material consultado (jornais)

Autor _____   Descrição
Título da matéria _____   _____
Título do jornal _____   _____
Páginas_____   _____
Data _____   _____
Caderno _____   _____

Exercício 5 da Atividade 3-7

Nome: _____
Data: _____
Assunto: _____

Lista de material consultado (audiovisuais)

Título _____   Descrição
Formato _____   _____
Cidade _____   _____
Distribuidor _____   _____
Data _____   _____

Título _____   Descrição
Formato _____   _____
Cidade _____   _____
Distribuidor _____   _____
Data _____   _____

Exercício 6 da Atividade 3-7

Nome: _____
Data: _____
Assunto: _____

Lista de material consultado (internet)

Título _____   Descrição
Autor/responsável _____   _____
Endereço (URL) _____   _____
Data da última alteração _____   _____
Data do acesso _____   _____

Título _____   Descrição
Autor/responsável _____   _____
Endereço (URL) _____   _____
Data da última alteração _____   _____
Data do acesso _____   _____

Capítulo 4
Definição do foco

TAREFA	Definir o foco, usando as informações encontradas.
PENSAMENTOS	Conjeturar sobre o resultado de possíveis focos; usar critérios de interesse pessoal, exigências do trabalho, disponibilidade de material e tempo estabelecido; identificar ideias das quais seja possível extrair um foco; algumas vezes ocorre um repentino momento de *insight*.
SENTIMENTOS	Otimismo; confiança na capacidade de completar a tarefa.
AÇÕES	Ler lista para identificar possíveis focos.
ESTRATÉGIAS	Fazer levantamento nas listas; anotar possíveis focos e descartar outros.

Tarefa do quarto estágio

No quarto estágio do processo de pesquisa, a tarefa dos estudantes consiste em encontrar um foco no âmbito do assunto que selecionaram. A definição do foco constitui um momento crítico no processo. Antes de definir o foco, os estudantes reúnem informações gerais sobre os assuntos e, após a decisão, coletam informações específicas sobre o foco.

Para definir o foco, os estudantes exploram várias alternativas possíveis e decidem por aquela que parece ser a mais promissora. A decisão de pesquisar determinado foco deve se basear no resultado da busca exploratória, como descrito no Estágio 3. À medida que localizam e leem material sobre o assunto geral, deveriam surgir maneiras possíveis de focalizar o assunto. Informações adicionais sobre cada foco possível devem ser localizadas e lidas. A pesquisa exploratória prepara os estudantes para pressupor o resultado da escolha de determinado foco e pode oferecer-lhes perspectivas de pesquisas bem-sucedidas.

Embora o foco deva ser formado nesta etapa do processo, não é necessário que ele permaneça estático; pode continuar a se definir à medida que a pesquisa evolui. Por meio da definição do foco, os estudantes identificam uma área na qual se concentram. Desse modo, suas ideias podem continuar a crescer e a evoluir. Em geral, o foco precisa ser alterado para se adequar às informações encontradas no estágio de coleta de informações. Mas, se foi construído, cuidadosamente, durante a busca exploratória, não serão necessárias muitas mudanças.

Neste estágio, os estudantes precisam ter entendimento claro da tarefa, sabendo que devem tomar uma decisão antes de avançar para o estágio de coleta de informações. Se não estão prontos para decidir sobre o foco, devem retornar ao terceiro estágio e continuar a explorar o assunto geral até estarem capacitados a defini-lo.

Sentimentos dos estudantes durante a definição do foco

A definição do foco indica um ponto decisivo no sentimento dos estudantes. À medida que escolhem o foco, deixam para trás sentimento de confusão e de dúvida e se tornam mais confiantes.

O sentimento em relação a pesquisa muda quando escolhem o foco, o que também acontece com a confiança na habilidade de completar a tarefa. Dois estudantes descreveram seu sentimento desta forma:

Antes do foco: "Eu estava preocupado em não conseguir fazer um bom trabalho porque não sabia o que estava fazendo". Depois do foco: "Eu me senti muito feliz com isso. Comecei a encontrar temas recorrentes".

Antes do foco: "Eu estava confuso, perdido, porque gosto de saber que as coisas estão em ordem". Depois do foco: "Eu estava um pouco mais aliviado porque tinha uma meta. Quando você sabe o que está procurando, é mais fácil prosseguir com o que está fazendo".

Após a definição do foco, os estudantes tendem a se sentir mais tranquilos, passando a ter senso de direção e entendimento claro da tarefa. Em geral, tornam-se capazes de continuar a pesquisa de forma mais independente.

Tomada de decisão

Existem duas decisões principais no processo de pesquisa e que são tomadas de forma similar. A primeira é selecionar o assunto depois que o trabalho de pesquisa foi solicitado. A segunda é definir o foco após a exploração de informações sobre o assunto. Os estudantes pressupõem o resultado de suas escolhas com base em seus constructos sobre o assunto e na tarefa. Escolhem a opção mais interessante ou mais apropriada. Optam pelo foco que parece oferecer a perspectiva mais promissora, da mesma forma que fizeram ao escolher o assunto.

A decisão sobre o foco tem impacto significativo no processo de pesquisa. O foco fecha alguns caminhos, ao mesmo tempo em que abre determinada área para análise detalhada. Uma vez definido o foco, os estudantes devem desviar a atenção daquilo que não pertence ao assunto, dedicando-se a coletar apenas informações pertinentes ao foco.

Os estudantes devem ser advertidos para não decidir sobre o foco sem a preparação adequada. A busca exploratória fornece a base para a decisão sobre o foco. Ler as informações reunidas e refletir sobre as ideias e os fatos obtidos possibilitam aos estudantes entender melhor o assunto geral.

A procura intencional do foco é muito importante na preparação para defini-lo. À medida que os estudantes lêem sobre o assunto geral, eles devem procurar o foco para a pesquisa. Usando essa abordagem, descobrirão possibilidades de focalizar a pesquisa.

Para tomar a decisão, os estudantes devem ter alternativas entre as quais escolher. Durante o estágio exploratório, constroem alternativas com o objetivo de fazer a escolha inteligente do foco. Nesse ponto, o processo de pensamento é muito mais importante. Se os estudantes tiverem dado pouca atenção ao assunto e agido de forma a não permitir que as ideias se desenvolvam, terão dificuldade em definir o foco. A busca exploratória fornece informações que lhes possibilitam definir e ampliar cada foco alternativo na preparação para a decisão.

Critérios para definir o foco

Os critérios para definir o foco são os mesmos utilizados para a seleção do assunto: interesse pessoal, requisitos do trabalho, tempo estabelecido e informações disponíveis. Estas quatro questões feitas para escolha do assunto podem ser aplicadas para definir o foco:

- O foco é interessante?
- O foco está de acordo com as exigências estabelecidas pelo professor?
- As informações podem ser reunidas e organizadas para apresentação no tempo disponível?
- Existem informações suficientes sobre o foco?

Interesse pessoal

À medida que os estudantes leem sobre os assuntos, certas ideias e aspectos poderão interessá-los mais do que outros. Essas áreas de particular interesse podem conter, potencialmente, o foco de sua pesquisa. Enquanto leem, devem listar, no diário, fatos e ideias interessantes. Além disto, podem resumir informações de interesse na coluna de *Descrição* da *Lista de material consultado* (ver *Atividade 3-7 – Lista de material consultado*).

Na busca exploratória, os estudantes acharão mais adequado registrar o que é de interesse específico do que fazer anotações detalhadas das informações sobre o assunto geral. Anotações personalizadas, em geral em forma de esquemas, conduzem-nos na direção da definição do foco. Por meio da listagem de ideias e fatos e anotando a referência do material consultado, é menos provável que os estudantes plagiem o trabalho de um autor. As ideias são registradas, e não copiadas. Esse método de anotações é mais adequado na preparação para definir o foco.

Requisitos do trabalho

Os estudantes devem ter em mente o que foi pedido pelo professor e confrontar sempre os requisitos do trabalho com o que é de interesse pessoal, devendo o foco incluir os dois critérios.

Quando estiverem considerando determinado foco, eles devem ter oportunidade de conversar com o professor, que, nesse momento, pode direcioná-los para ajustar o foco de forma a ir ao encontro dos requisitos do trabalho.

Tempo disponível

O tempo que os estudantes têm para fazer o trabalho afeta a escolha do foco. Precisam aprender a calcular o tempo necessário para pesquisar e redigir o trabalho, e o foco escolhido deve ser pesquisado no tempo de que dispõem.

A *Atividade 4-1 – Linha do tempo do processo de pesquisa* os ajuda a ter ideia real do tempo necessário e possibilita-lhes visualizar a tarefa a ser feita, ajustando, então, o tempo para sua realização.

Informações disponíveis para fundamentar o foco

A busca exploratória deve ser conduzida para mostrar se o foco pode ser adequadamente pesquisado na biblioteca da escola ou em outras fontes de informação. Ela consiste no levantamento do material existente sobre cada foco pensado pelos alunos num primeiro momento.

Se os estudantes definem o foco sem realizar esse levantamento, frequentemente eles têm dificuldade em localizar informações para fundamentá-lo. Um deles explicou desta forma seu sucesso na fundamentação do foco: "Depois que desenvolvo o foco, sempre acho que não existem informações suficientes. Desta vez levantei primeiro o que estava disponível sobre o tema". Os estudantes precisam aprender a fazer o levantamento do que existe antes de decidir sobre o foco para a pesquisa.

Nesse ponto, é útil uma reunião individual com o bibliotecário. À medida que os estudantes descrevem sua busca, o bibliotecário está ciente de material importante que pode ter sido relegado. Em geral, nesse estágio, os estudantes já são capazes de indicar a área específica do assunto que estão investigando. Entretanto, suas solicitações nem sempre estão de acordo com a forma como as fontes de informação estão organizadas. Frequentemente o bibliotecário pode dar sugestões de termos de busca e de fontes úteis.

Economia de tempo e esforço

Os estudantes precisam entender claramente o que o foco significa e o que estão procurando nas informações que exploram. Quando compreendem a economia de tempo e esforço que farão ao definir o foco somente após explorar informações e antes de coletá-las, estão prontos para realizar o esforço de identificar um foco possível para ser trabalhado. Precisam ter entendimento claro da necessidade do foco para a pesquisa. Por meio de experiência e orientação, aprendem que o foco vai, em última análise, economizar tempo e esforço. Quando escolhem um foco após a exploração, a coleta de informações torna-se mais objetiva e eficiente, já que se coletam apenas aquelas diretamente relacionadas ao foco. Os estudantes são capazes de excluir material irrelevante, selecionando apenas informações pertinentes.

Adiamento da definição do foco

Alguns estudantes adiam a decisão sobre a definição do foco até terem coletado todas as informações e começado a redigir o trabalho. Frequentemente descrevem esses trabalhos como impossíveis de se redigir. No momento da redação, eles podem ter reunido grande quantidade de livros e outros materiais e feito anotações aleatórias, mas não leram de forma consistente ou não pensaram muito no assunto. Muitos nunca encontram um foco para o trabalho. Retiram um pouco de cada material, geralmente plagiando, na tentativa de redigir o texto. Comumente o trabalho não tem um tema central ou uma área de concentração. Como resultado, é visível a pouca compreensão ou interpretação de informações nos trabalhos de pesquisa de muitos estudantes.

A definição de um foco possibilita aos estudantes pensar sobre o trabalho muito antes de sentar para escrever. Quando completam o levantamento nas fontes de informação, têm ideia clara da forma como vão focalizar o assunto. Suas ideias foram sendo desenvolvidas durante o processo de obtenção de informações, e, quando estão prontos para redigir, o pensamento está bem desenvolvido e claramente focalizado. Os parágrafos que redigem são em geral resultado de unidades de pensamento. Se houve bastante reflexão sobre o assunto e a pesquisa foi bem focalizada, a redação flui de forma fácil e coerente.

Definição do foco

Os termos *procurar, escolher* e *decidir* foram usados para descrever a tarefa de focalizar a pesquisa, sendo também usados para descrever a ação realizada anteriormente, no estágio de seleção do assunto. Entretanto, definir o foco implica algo mais. É um processo criativo que envolve o ato de pensar.

Durante o estágio exploratório, os estudantes pensam sobre assuntos em que estão particularmente interessados. Extraem ideias e fatos de leituras, que são interpretados por meio dos próprios constructos e começam a desenvolver visão pessoal sobre o assunto. Com base nessa visão, definem o foco que vão pesquisar e apresentar. Definir o foco envolve pensamento altamente individualizado.

Em situações de pesquisa nas quais um grupo de estudantes trabalha com um mesmo assunto geral, durante a busca exploratória, cada um pode desenvolver uma perspectiva pessoal sobre o assunto. É bem provável que o foco definido por cada estudante seja diferente. Embora tenham começado com o mesmo assunto, os trabalhos podem ser muito diferentes.

Definir é a atividade criativa dos estudantes de pensar sobre o foco para a pesquisa, baseada no que já sabem e no que desejam saber sobre o assunto. Requer atenção, interesse e concentração. A definição é um processo individualizado que eles devem realizar por si próprios. O professor e o bibliotecário podem orientar os estudantes na reflexão sobre o foco, mas eles próprios devem defini-lo, combinando suas ideias com as leituras que estão fazendo.

Para definir o foco, os estudantes devem estar dispostos a abandonar algumas possibilidades de pesquisa. Precisam desistir de certos aspectos do assunto ou deixar algumas coisas de lado para outra oportunidade. Quando o foco é escolhido, todas as outras áreas possíveis devem ser descartadas.

Necessidade de voltar ao estágio anterior

Se até esse ponto os estudantes não conseguiram definir um foco, será necessário que retornem ao estágio anterior. Explorando mais o assunto, podem desenvolver o pensamento e conseguir definir o foco. Se, após essa leitura e reflexão, ainda não forem capazes de defini-lo, precisam considerar a possibilidade de selecionar um assunto completamente diferente. Às vezes, os estudantes atingem o ponto final da pesquisa e precisam reiniciar o processo e não reelaborar o assunto que, para eles, se esgotou.

Certo estudante descreveu a necessidade de abandonar seu assunto inicial e começar novamente o processo de pesquisa. Ele havia escolhido como assunto o período elisabetano[18] e estava querendo focalizar o teatro, possivelmente a influência do Conselho Privado,[19] quando decidiu abandonar o assunto. Expressou seu sentimento da seguinte forma: "Então resolvi fazer uma mudança total porque

---

[18] Período elisabetano: período associado ao reino da rainha Elizabeth I (1558-1603), considerado uma era dourada da História inglesa. Corresponde ao ápice da renascença inglesa, com destaque para a literatura, a poesia e o teatro, em que sobressai o nome de Shakespeare.

[19] Conselho Privado (Privy Council): corpo de conselheiros da Coroa britânica, escolhido pelo rei entre os membros mais influentes do Parlamento. Criado no século XVI, tinha, no início, grande força política em relação às principais questões nacionais.

estava realmente farto dele, de todo o período elisabetano. Tinha problemas com ele. Estava farto dele. Não queria estudá-lo mais".

Quando os estudantes ficam desanimados e o assunto perde o interesse, às vezes é melhor escolher um novo. No caso do estudante acima citado, um assunto perfeitamente legítimo foi abandonado. Durante o processo de pesquisa, é natural experimentar alguma frustração e enfado, que devem ser tolerados e trabalhados. Existe uma linha tênue entre um assunto que não interessa mais a um estudante e outro que precisa apenas do direcionamento de um orientador. O bibliotecário ou o professor podem ajudar nesse caso, oferecendo sugestões que coloquem o estudante desanimado no caminho certo. Entretanto, não tem sentido insistir para que trabalhem com assuntos que se tornaram tediosos. Os estudantes devem entender que a escolha de novo assunto significa reiniciar o processo e repetir os primeiros estágios.

Momento de decisão no processo de pesquisa

A definição de um foco marca uma transição no processo de pesquisa. Como descrito anteriormente, neste ponto, os sentimentos dos estudantes mudam. Antes do foco, eles com frequência se sentem confusos e indecisos. Após determinar o foco, ficam, em geral, mais seguros e confiantes. Este é também um estágio de transição de seu pensamento e ações.

A definição do foco origina-se no estágio de exploração e continua no estágio de coleta de informações. À medida que o foco é definido, o objetivo da busca de informações muda de *explorar* para *coletar*, o material usado passa de *geral* para *específico*, e as informações buscadas alteram-se de *relevantes* para *pertinentes*.

Para tornar os estudantes mais cientes do momento de decisão, peça-lhes que identifiquem em que ponto da linha do tempo do processo de pesquisa definiram o foco. Eles podem ser levados a visualizar a pesquisa até e após este ponto e, dessa forma, tornarem-se mais conscientes da transição que ocorre.

Momento de *insight*

Às vezes o foco é definido em um momento de *insight*. Alguns estudantes descreveram este momento quando, de repente, tiveram ideia clara de como focalizariam a pesquisa: "Eu não sabia o que estava fazendo. Gostaria de fazer um bom trabalho e de ter um bom foco. Era de certa forma frustrante. Então me ocorreu uma boa ideia". Outro estudante descreveu um momento de clareza parecido: "[...] então achei. Toda a informação que estava procurando estava contrastando com o que a maioria das pessoas pensa. Decidi focalizar nisso".

O momento de *insight* é construído com base no conhecimento sobre o assunto. Esses estudantes tinham lido e pensado sobre seus assuntos e estavam considerando alternativas para focalizar a pesquisa. O *insight* veio, e eles decidiram sobre o foco, tendo, a partir desse ponto, percepção mais clara do que estavam fazendo. A procura ativa de um foco por meio da busca exploratória pode resultar em um momento de *insight*, que leva ao foco.

Os estudantes que definem o foco no momento adequado são, em geral, capazes de identificar o ponto no qual tiveram uma percepção clara do que queriam fazer. Esse ponto é, normalmente, associado a determinado material, no qual uma ideia aglutina o assunto ou identifica um aspecto particularmente interessante para o foco.

A afirmativa que se segue descreve a experiência de um estudante: "Eu tinha uma ideia na minha cabeça, mas não sabia como explicitá-la. Estava lendo um artigo que fazia uma revisão de 'As vinhas da ira'.[20] Tinha um parágrafo que serviu exatamente. Era o que eu tinha em mente, mas não conseguia traduzir em palavras. Então eu o encontrei!".

Os estudantes precisam entender que o foco tem como base as ideias formadas durante a leitura exploratória. A escolha do foco sem ter como base a pesquisa cuidadosa vai resultar em tarefa centrada em algo que não pode ser fundamentado, ou talvez nem mesmo investigado nas fontes de informação. O *insight* geralmente ocorre depois que os estudantes se familiarizam com informações gerais sobre o assunto.

---

[20] Romance de 1939, de John Steinbeck, considerado sua obra prima. Conta a história da família Joad, que migra do Leste americano para a Califórnia. O autor retrata a exploração a que eram submetidos os trabalhadores itinerantes.

Adaptação e refinamento do foco

O foco não deve ser considerado como algo estático, imutável. Mesmo após ter sido definido, continua a ser refinado e expandido durante o processo de pesquisa.

Depois que os estudantes identificam a área na qual vão se concentrar, eles continuam a encontrar novas ideias. À medida que buscam mais informações para confirmar o foco, também podem deparar-se com informações contraditórias. Isso indica que o foco precisa ser adaptado de alguma forma. Os estudantes têm que decidir como lidar com informações contraditórias. Precisam considerar se o foco deve ser refinado ou se as informações contraditórias devem ser trabalhadas, e o foco original mantido. Tanto a adaptação quanto o refinamento do foco acontecem durante o estágio de coleta de informações.

O professor deve dar aos estudantes possibilidade para adaptar e refinar o foco, permitindo-lhes alterá-lo de acordo com novas informações encontradas durante a busca. Quando a adaptação e o refinamento não são permitidos durante o processo de pesquisa, normalmente os estudantes têm dificuldade de encontrar fundamentação para o foco.

Eles precisam adaptar e refinar o foco, usando informações que coletaram. Um aluno que já havia identificado o foco explicou que ele continuava a mudar: "Meu verdadeiro foco não se tornou claro até uns dias antes de começar a redigir o trabalho". Por *foco verdadeiro* ele quis dizer seu foco adaptado e refinado. Embora os estudantes precisem se concentrar nas informações pertinentes ao foco, eles devem permanecer abertos a novas ideias.

Processo de definição do foco

O processo de definição do foco foi descrito neste capítulo como a identificação de algumas possibilidades de explorar o assunto geral, antecipando o resultado de cada foco possível para a pesquisa e a escolha de um que pareça ser o mais promissor. Uma estudante descreveu seus passos na definição do foco para a pesquisa (seu assunto geral era a obra de Mark Twain[21]): "Lembro-me

---

[21] Samuel L. Clemens (1835-1910), nome real de Mark Twain, escritor estadunidense, autor de *Aventuras de Huck* e de *As aventuras de Tom Sawyer*.

de que sentei em meu quarto um dia e disse que deveria começar a trabalhar. Olhei os livros e decidi qual seria meu foco". Ela explicou que, a princípio, pensou em fazer uma análise crítica: "Mas quando dei uma olhada nos livros sobre crítica, percebi que não queria fazer isso, porque teria de comparar Huck Finn com Tom Sawyer e não havia lido Tom Sawyer". Ela descreveu seu sentimento naquele momento: "Eu não poderia mesmo entender sobre o que era cada capítulo do livro. Estava frustrada porque havia chegado a um fim em minha pesquisa. Percebi que uma crítica do livro seria impossível". A estudante pesquisou então uma biografia e afirmou: "Este livro sobre sua vida e obras deu-me ideias". No diário ela escreveu: "Procurei no índice sob Huck Finn e li as partes sobre ele. Parece que alguns trechos do livro eram acontecimentos reais na vida de Sam Clemens. Também tive grande interesse nos capítulos sobre o coronel Sherburn".[22]

Ela então listou no diário três temas possíveis:

1. Pessoas e acontecimentos reais que se tornaram parte de *Huck Finn*.
2. Análise completa de um capítulo e suas personagens (coronel Sherburn)
3. O pensamento de Twain no romance através dos personagens.

Fez uma anotação no diário, descrevendo seus sentimentos quando descobriu isto. "OTIMISMO – eu daria conta de fazer este trabalho até o Natal".

Mais tarde, falou com alguns amigos sobre o projeto e começou a ver que as três ideias poderiam ser combinadas em um foco centrado no personagem do coronel Sherburn. Ela explicou que, nesse ponto, se tornou mais interessada no trabalho. As anotações no diário, descrevendo o desenvolvimento do foco para a pesquisa, foram feitas em 23 de novembro e se relacionavam ao que aconteceu em dois dias – 22 e 23 de novembro. Ela resumiu o processo

---

[22] Os capítulos XXI e XXII de *Aventuras de Huck* tratam do incidente envolvendo um bêbado e o coronel Sherburn, homem importante de uma pequena vila. O bêbado dirige desaforos ao coronel, que o mata friamente na frente dos passantes e dos curiosos.

desta forma: "Comecei a pesquisa e em um livro descobri que os capítulos do coronel Sherburn eram baseados em um incidente da vida real. Também descobri em outro livro que Mark Twain usou o coronel Sherburn para expressar seus pontos de vista. Pensei, isso é tudo. Então decidi me concentrar nos dois capítulos do livro que se relacionam ao incidente do coronel Sherburn".

Algumas das estratégias usadas por essa estudante podem ser recomendadas a outros alunos para ajudá-los a definir o foco. Escrever e conversar são técnicas úteis para organizar pensamentos a fim de tomar a decisão.

Estratégias para definir o foco

Muitos estudantes não desenvolvem estratégias próprias e necessitam de ajuda e sugestões para focalizar a pesquisa. Precisam interromper a busca nas fontes de informação e organizar os pensamentos. Um estudante explicou como seu pai o ajudou a organizar o pensamento: "Meu pai me ajudou muito. Mostrei a ele o que eu estava fazendo, e ele me orientou. Na verdade foi ele que conseguiu organizar. Pegou um papel e disse: OK, estas são as maneiras que você está visualizando. E qual você quer? Ele simplesmente falou isto e me perguntou: 'De que forma você quer fazer isto?' Mas ele não tentou me influenciar". A estratégia de listar escolhas possíveis pode ser ensinada aos estudantes que estão prontos para focalizar a pesquisa (Ver *Atividade 4-2 – Reflexão sobre possíveis focos*).

Rever o que foi lido ajuda os estudantes a organizar o pensamento. Se eles mantêm o diário, a releitura das anotações em geral é útil. Podem também consultar a lista de material na qual registraram as referências dos documentos consultados. As anotações na coluna *Descrição* podem auxiliá-los a relembrar ideias encontradas na busca exploratória. A estratégia de listar ideias para o foco é usada por muitos deles. Após a organização das ideias por meio de listas ou outras estratégias, os estudantes em geral discutem o foco possível com amigos e pais. Falar ajuda-os a clarear as ideias, preparando-os para a tomada de decisão. Para estudantes que não têm experiência em pesquisa, podem ser programadas discussões em classe ou na biblioteca. O professor e o bibliotecário devem se envolver no processo de definição do foco, utilizando exercícios escritos e aulas para discussão.

Papel do professor e do bibliotecário

Quando os estudantes discutem com o professor, podem se certificar de que o foco está de acordo com os objetivos do trabalho. Quando discutem com o bibliotecário, podem se certificar de que está contemplado na coleção da biblioteca, na internet e em outras fontes de informação.

O professor e o bibliotecário podem ajudar os estudantes a aprender como definir o foco, recomendando estratégias que foram bem-sucedidas com outros pesquisadores, levando os alunos a se tornarem competentes e independentes na definição do foco para a pesquisa.

As atividades que se seguem são planejadas para ajudar os estudantes a definir o foco.

Atividades

▶▶ Atividade 4-1 – Linha do tempo do processo de pesquisa

A linha do tempo ajuda os estudantes a visualizar o processo de pesquisa como um todo. Ela os habilita a ver em que estágio do processo se encontram, definir as tarefas que êm à frente e saber que sentimentos esperar. A atividade também os auxilia a obter noção realista de tempo durante todo o processo de pesquisa.

Duração
- 20 minutos.

Material
- Quadro-negro.

Observação
- Esta é uma extensão da *Atividade 1-4 – Linha do tempo do processo de pesquisa*.

Conduzida por
- Professor ou bibliotecário

Instruções
Desenhe a linha do tempo do processo de pesquisa no quadro-negro marcando os primeiros quatro estágios, conforme mostrado a seguir.

Solicitação do trabalho pelo professor	Seleção do assunto	Exploração de possíveis focos	Definição do foco

Reveja os três primeiros estágios e identifique brevemente o quarto. Lembre que eles receberam a tarefa, selecionaram o assunto e exploraram informações sobre ele em busca de um foco. Agora deveriam estar prontos para definir o foco. Aponte para o lugar na linha do tempo que representa o quarto estágio.

Descreva a tarefa do quarto estágio, esclarecendo que neste ponto do trabalho é preciso concentrar-se em algum aspecto do assunto ou escolher determinada perspectiva para pesquisar e apresentar. Ressalte que eles precisarão usar o que aprenderam sobre o assunto para definir o foco.

Descreva os sentimentos que os estudantes provavelmente experimentam no quarto estágio, ponderando que, quando eles definirem o foco, provavelmente observarão alguma alteração em seus sentimentos. Muitos estudantes acham que seu sentimento muda de um senso de confusão para um senso de direção quando o objetivo do trabalho fica mais claro e sentem-se mais confiantes no que estão fazendo. Podem até mesmo descobrir que estão mais interessados na pesquisa. Explique que, quando conseguem definir o foco, estão no caminho certo para completar a tarefa.

Acompanhamento
Esta atividade deve ser seguida por outras que ajudem os estudantes a definir o foco para a pesquisa.

▶▶ Atividade 4-2 – Reflexão sobre possíveis focos

Esta atividade orienta os estudantes a organizar os pensamentos na preparação para definir o foco. Ajuda-os a prever o resultado de cada foco possível.

Duração
- Um horário de aula. Esta atividade pode ser feita como tarefa de casa.

Material
- Diários ou o *Exercício Reflexão sobre possíveis focos*.

Conduzida por
- Professor.

Instruções

Peça aos estudantes que pensem em pelo menos três possibilidades de focalizar o assunto. Solicite-lhes que listem cada uma dessas possibilidades no alto de uma folha de papel. Em seguida, devem considerar as questões abaixo, escrevendo suas respostas sob cada um dos possíveis focos listados.

1. O que sabem sobre aquele possível foco.

2. Que ideias e fatos novos aprenderam sobre aquele possível foco.

3. Que material traz informações sobre aquele possível foco.

4. Onde podem achar mais informações sobre aquele possível foco.

Acompanhamento

Recomende-lhes que comparem cada possível foco para decidir qual seria o mais promissor para a pesquisa.

Exercício da Atividade 4-2

Nome: _____
Data: _____
Tópico: _____

Reflexão sobre possíveis focos

Foco: _____

1. O que você sabe sobre esse possível foco?

2. Que ideias e fatos novos você aprendeu sobre esse possível foco com base em suas leituras?

3. Que material traz informações sobre esse possível foco?

4. Onde pode achar mais informações sobre esse possível foco?

▶▶ Atividade 4-3 – Levantamento de material sobre o foco

Nesta atividade, os estudantes aprendem técnicas de levantamento para determinar a quantidade de informações sobre possíveis focos. O levantamento nas fontes de informação permite que eles antecipem com maior precisão o resultado da escolha de cada foco que estão considerando.

Duração
- Um horário de aula.

Material
- Nesta atividade, os estudantes usam o catálogo da biblioteca, a internet e um índice de revista. Recebem cópias do *Exercício Levantamento de material para definir o foco*.

Conduzida por
- Bibliotecário e professor.

Instruções

Explique aos estudantes que o levantamento nas fontes de informação os ajudará a saber a quantidade de informações sobre o foco. Esclareça que, consultando o catálogo da biblioteca, a internet e o índice de revista eles descobriram quais informações estavam disponíveis sobre o assunto geral. Agora usarão método similar para determinar a quantidade de informações específicas sobre o foco. Lembre-os de que não será necessário ler o material e tomar notas. Nesse momento, eles precisarão apenas localizar o material. Oriente-os a seguir os seguintes passos:

- Usar o catálogo da biblioteca em primeiro lugar, para ver se existem títulos que se relacionam diretamente ao foco. Se houver uma grande quantidade, o foco deve estar muito geral.
- Localizar, em seguida, o número de chamada dos livros sobre o assunto geral que podem conter informações específicas sobre o foco. Localizar os livros nas estantes e usar os sumários para determinar a quantidade de informações relacionadas ao foco.
- Na internet, fazer uma busca para localizar material que se relaciona diretamente ao foco. Verificar relevância,

pertinência, confiabilidade e data de atualização do *site*. Se encontrarem muitos *sites* que atendam a esses requisitos, significa que o foco está muito geral.

- No índice de revista, ler os títulos dos artigos sobre o assunto geral e contar aqueles que parecem estar diretamente relacionados ao foco. Lembrar que revistas são mais úteis para assuntos atuais. Se o assunto é retrospectivo (baseado em situações ou eventos passados), localizar fascículos mais antigos.

Considere que, utilizando essas três fontes, eles deveriam ter uma ideia do que está disponível sobre o foco, embora existam outras fontes que poderão usar no próximo estágio da pesquisa, quando estiverem coletando informações.

Questões

As questões que se seguem ajudam os estudantes a se envolverem na tarefa de levantamento para definir o foco. Cópias do *Exercício Levantamento de material para definir o foco* podem ser distribuídas.

1. Quantos títulos no catálogo da biblioteca se relacionam diretamente ao foco?
2. Quantos sumários de livros contêm informações sobre o foco?
3. Quantos artigos no índice de revista são diretamente relacionados ao foco?
4. Quantos *sites* na internet se relacionam diretamente ao foco?

Exercício da Atividade 4-3

Nome: _____
Data: _____

Levantamento de material para definir o foco

Foco: _____

Para cada foco que você estiver considerando, faça um levantamento no catálogo da biblioteca, na internet e em um índice de revista. Responda às questões que se seguem.

1. Quantos títulos no catálogo da biblioteca são diretamente relacionados ao foco? Liste três.

Número de chamada   Título
_____   _____
_____   _____
_____   _____

2. Quantos sumários de livros contêm informações sobre o foco? Liste três.

Número de chamada   Título
_____   _____
_____   _____
_____   _____

3. Quantos artigos no índice de revista estão diretamente relacionados ao foco? Liste três.

Título   Periódico   Data   Páginas
_____
_____
_____

4. Quantos *sites* na internet se relacionam diretamente ao foco? Liste três.

Endereço   Título   Data do acesso
_____
_____
_____

▸▸Atividade 4-4 – Grupos de discussão

Pequenos grupos de discussão dão aos estudantes oportunidade de falar sobre possíveis maneiras de focalizar os assuntos. Falar ajuda-os a clarear ideias e a tomar decisão sobre a definição do foco da pesquisa.

Duração
- Um horário de aula.

Material
- Cópias do *Exercício Grupos de discussão*.

Conduzida por
- Professor.

Instruções

Faça os estudantes se dividirem em grupos de quatro ou cinco. Oriente-os a discutir possíveis maneiras de focalizar o assunto. Explique que, em grupos pequenos, eles podem compartilhar coisas que aprenderam com as leituras. Podem também descrever as informações disponíveis sobre cada foco possível, explicar por que estão considerando determinado foco e aonde esperam chegar. Antes de eles começarem, entregue a cada estudante uma cópia do *Exercício Grupos de discussão*, para ser preenchido, a fim de ajudá-los a conduzir a discussão.

Dê de 15 a 20 minutos para discussão. Estimule os membros do grupo a dar sugestões e indague sobre o foco de cada um. Reúna a classe e faça cada grupo relatar brevemente o progresso de seus membros na definição do foco.

Exercício da Atividade 4-4

Nome: _____
Data: _____

Grupo de discussão

Antes de se reunir com seus colegas no grupo de discussão:

1. Faça uma breve descrição de seu possível foco e explique por que o está considerando.

2. Descreva brevemente as informações disponíveis sobre o foco.

3. Descreva aonde espera que a pesquisa o leve se escolher determinado foco.

Após a discussão de cada foco, todos os membros do grupo devem ter oportunidade de fazer perguntas e dar sugestões.

▶▶Atividade 4-5 – Reuniões

Antes que os estudantes tomem a decisão final sobre o foco para a pesquisa, eles deveriam conversar com o professor para terem certeza de que estão cumprindo as exigências do trabalho. Esta atividade dá aos estudantes oportunidade de discutir suas ideias com o professor.

Duração
- 10 a 15 minutos para cada reunião.

Material
- Cópias do *Exercício Preparação para a reunião*.

Conduzida por
- Professor.

Instruções

Agende reuniões individuais com os estudantes. Peça que respondam às seguintes questões:

1. O que aprenderam com as leituras que os conduziram para o foco que estão considerando?
2. Que material sobre o foco está disponível?
3. Como prosseguirão com a pesquisa e o que esperam encontrar?

Observe interpretações enganosas que os estudantes possam ter feito. Se necessário, recomende que refaçam os passos.

Acompanhamento

Se as respostas forem inadequadas ou pouco precisas, será necessário que façam novas leituras e levantamento de material.

Exercício da Atividade 4-5

Nome: _____
Data: _____

Preparação para a reunião

Antes da reunião, esteja preparado para responder às seguintes questões:

1. O que você aprendeu com suas leituras que o conduziram para o foco que está considerando?

2. Que material sobre o foco está disponível?

3. Como prosseguirá com sua pesquisa e o que espera encontrar?

▶▶Atividade 4-6 – Definição do foco

Esta atividade ajuda os estudantes a entender o que está envolvido na definição do foco. No momento de definir o foco, reveem as ideias que encontraram na busca exploratória.

Duração
- Um horário de aula. Esta atividade pode ser feita como tarefa de casa.

Material
- Diários e listas de material consultado. Cópias do *Exercício Definição do foco*.

Conduzida por
- Professor.

Observação
A maioria das atividades relativas à definição do foco é conduzida pelo professor, mas o bibliotecário pode participar, caso ambos concordem.

Instruções
Descreva o processo de definição do foco. Esclareça que os termos *seleção*, *escolha* e *decisão* são usados para descrever a tarefa de definir o foco, mas *definição* envolve algo mais. *Definição* exige que o estudante combine seu pensamento com aquilo que leu, no sentido de desenvolver o foco para a pesquisa.

Cite exemplos concretos retirados da tarefa que os alunos estão executando no momento: refletindo sobre possíveis focos.

Direcione os estudantes para lerem as anotações do diário, pedindo-lhes que revejam também as listas de material consultado nas quais registraram referências e descrições dos documentos que consultaram. Faça-os anotar informações que tenham reunido sobre o foco escolhido. Use o *Exercício Definição do foco*.

Acompanhamento
Se neste ponto os estudantes não conseguirem definir o foco, sugira que voltem ao material para explorar mais informações. Lembre-lhes de que continuar a fazer anotações no diário e na lista de material consultado.

Exercício da Atividade 4-6

Nome: _____
Data: _____

Definição do foco

Reveja as anotações do diário e a coluna em que você registrou as descrições do material consultado. Reveja também as listas de material consultado e anote todas as informações que você reuniu sobre o foco escolhido.

▶▶ Atividade 4-7 – Descrição do foco

Nesta atividade, os estudantes são solicitados a expor seu foco e a redigir um parágrafo descrevendo-o. Neste momento, podem tomar a decisão definitiva sobre o foco da pesquisa.

Duração
- 20 minutos. Esta atividade pode ser feita como tarefa de casa.

Material
- Cópias do *Exercício Descrição do foco*.

Conduzida por
- Professor.

Instruções

Faça com que os estudantes exponham seu foco e redijam um parágrafo descrevendo-o. Use o *Exercício Descrição do foco*. Peça-lhes que incluam o que aprenderam sobre o foco com as leituras exploratórias. Faça-os escrever sobre informações que precisarão buscar mais adiante e o que esperam encontrar.

Recolha os textos. Leia cada um, verificando se cada foco está suficientemente claro para direcionar os estudantes, mas, ao mesmo tempo, aberto o bastante para adaptações e refinamentos. Se necessário, faça sugestões e recomendações e devolva os textos.

Acompanhamento

Alguns estudantes podem necessitar de orientação individual do professor e do bibliotecário na decisão final sobre o foco.

Exercício da Atividade 4-7

Nome: _____
Data: _____
Tópico: _____

Descrição do foco

Exponha seu foco.

Escreva um parágrafo sobre o que sabe sobre o foco e que informações você ainda considera necessário procurar.

Capítulo 5
Coleta de informações

TAREFA	Reunir informações que definam, ampliem e apoiem o foco.
PENSAMENTOS	Procurar informações para apoiar o foco; definir e ampliar o foco; reunir informações pertinentes; organizar as anotações.
SENTIMENTOS	Percepção da extensão do trabalho a ser feito; confiança na habilidade de realizar a tarefa; aumento de interesse.
AÇÕES	Usar a biblioteca para coletar informações pertinentes; solicitar fontes específicas ao bibliotecário; tomar notas detalhadas, incluindo referências e citações bibliográficas.
ESTRATÉGIAS	Usar termos de busca adequados para encontrar informações pertinentes; fazer busca em vários tipos de material, por exemplo: livros de referência, revistas, livros de não ficção, biografias; usar índices; procurar ajuda do bibliotecário.

Tarefa do quinto estágio

No quinto estágio do processo de pesquisa, os estudantes reúnem informações que se relacionam ao foco. Tendo esse definido, realizam nova busca nas fontes, dessa vez para buscar informações pertinentes ao foco. Leem e tomam notas sobre ideias e fatos relacionados ao foco, anotando as referências bibliográficas do material que utilizam.

O estágio de coleta de informações deveria ser iniciado só depois que os estudantes tenham definido claramente o foco. Durante este estágio, o tipo de informação procurada desloca-se, da que é relevante para o assunto geral, em direção à que é pertinente ao foco. Como um estudante explicou: "no dia 9 de dezembro, consegui meu foco principal. Antes disso, fiz uma pesquisa básica. Depois que consegui meu foco, peguei todo o meu material para embasar o foco que tinha encontrado". Os estudantes precisam ter compreensão clara do foco, de forma a discriminar entre informações gerais sobre o assunto e informações específicas relacionadas ao foco.

Um bom foco pode ser adaptado e alterado enquanto os estudantes estão coletando informações. Embora devam manter o foco em mente com clareza, os estudantes devem também ser capazes de refiná-lo e reformulá-lo enquanto leem e tomam notas. Neste estágio, é possível que o foco mude um pouco, à medida que reúnem informações. Quando eles têm expectativa clara de que pode haver mudança, procuram refinar e adaptar o foco de acordo com as informações que coletam.

Ao longo deste estágio, os estudantes continuam a aprender sobre o foco à medida que reúnem informações. Refletir é ação que permanece central no processo de pesquisa. Conforme leem, o pensamento é definido mais claramente e ampliado por novas informações. Os estudantes tomam notas sobre ideias e fatos que contribuem para construir ideias sobre o foco.

A tarefa de coletar informações deve ser realizada de forma metódica. Os estudantes podem aprender estratégias de usar fontes de informação variadas para reunir material sobre o foco. Precisam entender de que maneira cada tipo de material pode fornecer informações sobre o foco e ser capazes de identificar, ler e tomar notas sobre informações específicas que desejem usar para apresentar o foco no trabalho escrito.

Sentimentos dos estudantes quando coletam informações

Neste estágio, o sentimento que os estudantes comumente experimentam é de confiança crescente na sua habilidade para realizar a tarefa. Passam a ter ideia mais realista da quantidade de trabalho que os espera. Ao definir o foco, tornam a tarefa mais administrável e adquirem senso de direção.

Frequentemente, neste estágio, os estudantes ficam mais relaxados. O sentimento de confusão que experimentavam antes de definirem o foco foi superado e eles se sentem mais confortáveis com a tarefa de buscar informações. Um estudante descreveu seu sentimento da seguinte forma: "Eu me senti aliviado. As coisas ficam bem mais fáceis quando você tem noção para onde está indo". Outro estudante explicou: "Depois que você sabe exatamente o que vai fazer, a pesquisa é fácil".

Muitos estudantes experimentam também sentimento de crescente interesse no assunto. À medida que aprendem mais sobre ele e que suas ideias são confirmadas ou desafiadas, o interesse é estimulado. Ao final deste estágio, desenvolveram opiniões vigorosas sobre o foco e estão ansiosos para compartilhá-las com outros.

Definição clara do foco

Quando os estudantes definiram o foco com cuidado, estão prontos para entrar no estágio de coleta de informações. O foco claro dá-lhes a base para discernir sobre a utilidade das informações, direcionando e modelando as escolhas que fazem ao longo do processo de coleta de informações.

Sem um foco, os estudantes são incapazes de tomar decisões sobre a adequação das informações. Geralmente estabelecem critérios arbitrários para definir a utilidade do material. A falta de foco levou um estudante a avaliar a utilidade de uma fonte com base na existência de opiniões positivas ou negativas sobre o autor que estava pesquisando: "No *Book Review Digest*,[23] você poderia dizer se elas eram positivas ou negativas. Eu queria resenhas positivas porque não estava procurando por coisas negativas".

Estudantes que têm dificuldade em coletar informações, frequentemente não definiram o foco com clareza, faltando-lhes a estrutura sobre a qual construirão suas ideias.

Fazendo escolhas

Coletar informações envolve uma série de escolhas. À medida que os estudantes buscam material, devem selecionar aquele que lerão. Conforme leem, precisam decidir o que vão anotar e o que utilizarão para apresentar o foco. As anotações constituem o conjunto das escolhas que fazem ao utilizarem o material que coletaram nas fontes de informação.

No estágio de coleta, os estudantes precisam estar cientes das escolhas que estão fazendo e aprender a ponderar cada uma com base no foco, evitando incluir material irrelevante nas anotações. Ao mesmo tempo, têm de ser cuidadosos para fazer anotações corretas e completas das informações que se relacionam diretamente ao foco. Um estudante descreveu o ato de fazer escolhas: "Eu peguei o que era importante. Usei meu próprio julgamento. Quando defini limites, percebi coisas que eram irrelevantes e que não iam se encaixar".

No estágio de coleta de informações, fazer escolhas relacionadas ao foco requer o uso de habilidades de pensamento abstrato. Essas estão entre as competências mais complexas e sofisticadas que os estudantes adquirem. Eles precisam ter atingido maturidade em suas habilidades de pensamento, o que Piaget descreve como estágio formal-operacional do desenvolvimento cognitivo. A maioria dos estudantes não atinge esse nível de desenvolvimento até os doze anos, e muitos, só mais tarde.

---

[23] O *Book Review Digest*, publicado periodicamente desde 1905 pela The H. W. Wilson Company, conhecida editora estadunidense, apresenta resenhas de livros de ficção e não ficção de língua inglesa para crianças e adultos. A partir de 1983, passou a se chamar *Book Review Digest Plus*. No Brasil, não existe fonte semelhante. Resenhas de livros aparecem de forma esparsa, geralmente em seções literárias de revistas e jornais.

Os estudantes precisam ter clareza com relação ao que pretendem utilizar quando leem os textos que coletaram. Isso envolve seu conhecimento anterior e constitui uma habilidade de pensamento abstrato que é baseada na combinação de maturidade e práticas cognitivas. Selecionar apenas aquilo que é pertinente ao foco requer cuidado e concentração, e os estudantes necessitam dirigir toda a atenção para as escolhas que fazem. Selecionar informações não é tarefa a ser realizada ao acaso ou superficialmente.

Refinando e adaptando o foco

Ao mesmo tempo em que o foco deve ser mantido em mente com clareza, deve também se adaptar às informações encontradas. O foco não é rígido, imutável e será refinado e alterado à medida que os estudantes leiam, pensem e aprendam. Enquanto coletam informações, provavelmente encontrarão material que poderá abrir novas perspectivas sobre o foco. Um estudante explicou, da seguinte forma, como seu foco mudou enquanto estava coletando informações: "Na terceira semana, fui à biblioteca e encontrei alguma coisa sobre Jerome Singer[24] em notas de rodapé e consultei o catálogo da biblioteca. Estava na seção de psicologia infantil. Eu li e vi que era útil. Falava sobre comportamento agressivo de crianças no controle da fantasia... Foi então que comecei a basear meu trabalho em preconceitos nos contos de fadas. Meu verdadeiro foco não estava claro até uns dias antes de começar a escrever o trabalho".

Percebe-se, portanto, que o "verdadeiro foco" é o foco refinado, que foi adaptado à medida que o estudante continuou a aprender através de sua leitura.

Os estudantes precisam trabalhar com a expectativa de que suas ideias sobre o foco continuarão a ser definidas e ampliadas à medida que coletam informações. Devem entender que existe diferença entre adaptar e abandonar um foco, dependendo da avaliação que fazem das informações que coletam.

---

[24] Psicólogo e pesquisador estadunidense, que, juntamente com sua esposa e psicóloga, Dorothy Singer, estudou por mais de 30 anos o papel das brincadeiras no desenvolvimento saudável das crianças.

Estudantes que não entendem que o foco pode mudar costumam tornar-se desestimulados por não encontrarem evidências para apoiá-lo. Como um deles relatou, "quanto mais eu procurava, menos encontrava. Quando não encontrava, eu ficava tipo chateado".

Outro aluno, que estava preparado para acomodar seu foco às novas informações, disse: "Meu foco tinha três partes diferentes da mesma coisa. Muitos livros traziam alguma coisa sobre uma das partes ou mesmo sobre o foco inteiro. Era meio que amplo, de certa maneira".

Há ocasiões, entretanto, em que os estudantes definem um foco que não pode ser refinado ou adaptado. Não há informações suficientes, e ele deve ser totalmente mudado. Geralmente, isso é resultado da exploração inadequada no estágio anterior. Em tais casos, as informações que os estudantes coletam quase sempre os levam a um novo foco que pode ser pesquisado e apoiado pelo material encontrado. Um estudante descreveu como encontrou um novo foco com base nas informações que estava coletando: "Eu olhei em outras obras de referência, que tinham alguma coisa sobre heróis e herói pragmático, mas não muitas. Fui ao catálogo da biblioteca procurar críticas literárias e não encontrei nada sobre herói pragmático nos livros que estavam nas estantes. Percebi que todos os documentos tinham alguma coisa sobre simbolismo. Um bom foco poderia ser como o simbolismo prevê o que acontecerá aos personagens. Mas, lendo com mais cuidado, percebi que o livro realmente dizia o que acontece com os personagens. Portanto, não havia necessidade de usar simbolismo para isso. Continuei lendo resenhas críticas e encontrei duas que se contradiziam. Então, peguei uma terceira crítica, que estava entre essas duas, e baseei meu trabalho nela".

O aluno tinha formado o primeiro foco apenas para descobrir que ele não poderia ser sustentado pelas informações disponíveis. A busca levou-o a considerar outras formas possíveis de focalizar o assunto.

Criação de clima convidativo

Os estudantes devem estar abertos para o que as informações revelam sobre o foco. O clima convidativo permite-lhes alterar o foco, tornando-os estimulados a aprender e a pensar ativamente sobre o que leem. É essencial no começo do processo de pesquisa para permitir aos estudantes identificar assuntos que sejam de seu interesse. Esse clima continua a ser importante para estimular a reflexão e o envolvimento pessoal, nesse estágio central do processo de pesquisa. Enquanto os estudantes, por um lado, estão buscando completar a tarefa de pesquisa, também estão prontos para continuar a aprender, definindo e ampliando ideias. À medida que avançam, continuam abertos para o que as informações revelam sobre o foco. Um clima convidativo permite-lhes refinar e adaptar o foco, conforme encontram novas informações.

Aumento de interesse

À medida que os estudantes coletam informações sobre o foco, muitos descobrem que o interesse sobre o assunto aumenta. Dois estudantes fizeram relatos sobre seu crescente interesse, conforme progrediram ao longo do processo de pesquisa "Eu sentei e li cuidadosamente e fiquei totalmente interessado no que estava lendo." Outro aluno explicou que, "não achei aquilo chato. Achava meio infantil e realmente não pensava que ia gostar de fazer aquilo, mas até que era interessante – o que encontrei." Os estudantes se tornam mais interessados nos assuntos à medida que suas ideias são definidas e ampliadas pelas informações que localizam.

Visão do universo informacional disponível na biblioteca

Quando os estudantes começam a pesquisar para encontrar informações sobre o foco, precisam aprender a pensar na biblioteca como uma coleção de vários tipos de material que podem ser localizados por diversos instrumentos de acesso.

Muitos estudantes têm uma visão extremamente limitada da extensão das informações disponíveis. Precisam tornar-se conscientes da existência da ampla gama de materiais e desenvolver hábitos de pesquisa para explorar as diferentes fontes do acervo da biblioteca e os instrumentos de acesso para outros acervos. Infelizmente, muitos estudantes têm compreensão limitada da disponibilidade e organização das informações na biblioteca. É necessário estimulá-los a aumentar o número de instrumentos de acesso que utilizam. Eles precisam aprender que uma busca completa na biblioteca vai além da coleção geral e inclui obras de referência, bases de dados, periódicos, material de arquivo, fontes biográficas, material audiovisual, *software* e, ocasionalmente, livros de ficção.

Os estudantes devem desenvolver um respeito saudável pelo conjunto de informações organizadas e disponíveis em bibliotecas do País, e mesmo do mundo, que podem utilizar. O respeito dos usuários é essencial não apenas para o uso adequado, mas também para a futura preservação dos sistemas de recuperação de informação.

Busca nas fontes de informação

A busca nas fontes de informação exige tempo, interesse e um pouco do instinto investigativo do "detetive", requerendo paciência para que a tarefa seja executada até o final. Os estudantes podem seguir muitas pistas falsas antes de localizar as informações que estão procurando e devem estar animados para testar alternativas, evitando presumir que não existe nada sobre o assunto.

Precisam compreender de maneira realista o que constitui uma busca bibliográfica bem realizada. Muitos pesquisadores iniciantes consideram que sua busca foi um fracasso se não encontram um livro com o título exato do foco. Possuem ainda um ideal de recuperação de informação que raramente pode ser concretizado. Sua compreensão da organização e recuperação da informação deve ser expandida.

A abordagem sistemática para buscar informações é necessária nesta etapa. Os estudantes precisam usar vários termos de busca, seguir novas pistas que encontram e usar abordagens alternativas, esgotando os diversos tipos de material disponíveis.

Uso de termos de busca e pistas

Palavras-chave que foram identificadas e listadas no estágio de exploração podem ser usadas como termos de busca no estágio de coleta de informações. Esses termos conduzem a informações sobre o assunto geral que podem, por sua vez, conter informações sobre o foco. Os estudantes precisarão também de termos que os conduzirão a material específico sobre o foco, devendo, portanto, anotar outros termos encontrados em sua busca no estágio de coleta de informações.

Encontrar termos de busca durante o processo leva os estudantes por um caminho intrincado através das fontes de informação. Um aluno descreveu como seguiu pistas para localizar informações sobre seu foco: "Procurei Mark Twain no catálogo da biblioteca e anotei cada número [de chamada]. Levei todos os livros para uma mesa e olhei nos índices. O primeiro livro que olhei tinha um capítulo inteiro sobre tiros em Hannibal,[25] que ele usou para Huck Finn [...] Quando descobri sobre o incidente, não estava seguro sobre como procurar. Eu poderia não encontrar nada em coronel Sherburn. Mas percebi que o nome Smarr estava listado abaixo de Sherburn. Eu sabia que era o homem que tinha atirado e era por isso que estava listado ali. Eu tive sorte".

Para obter títulos de material que pode ser proveitoso, os estudantes também usam bibliografias de livros. Um aluno disse: "Um livro tinha uma bibliografia dos livros que ajudaram o autor a escrever aquele livro. Eu procurei aqueles livros, mas eles não estavam lá. Eu sabia que se eles ajudaram o autor a escrever o livro dele, poderiam me ajudar a escrever meu trabalho". Os estudantes frequentemente relataram ter dificuldade em conseguir material a partir de bibliografias de livros. Devem ser encorajados a buscar ajuda do bibliotecário, que pode solicitar esse material em outras bibliotecas, através de empréstimo entre bibliotecas ou comutação bibliográfica. Os estudantes devem tornar-se conscientes de que a biblioteca que estão usando é parte de uma rede.

Entendimento da organização das informações

A realização inteligente da busca de informações exige que os estudantes tenham compreensão geral de como elas são organizadas. Frequentemente, estudantes do ensino médio não entendem, por exemplo, as bases em que uma biblioteca funciona, mesmo que

---

[25] Hannibal: cidade do Estado de Missouri, Estados Unidos, onde Mark Twain passou sua infância e que lhe serve de cenário para o episódio do coronel Sherburn em *Aventuras de Huck*.

já tenham tido instruções sobre seu uso. Sua experiência pode ter sido limitada a fontes de informação individuais ou a um único sistema. Poucos adquirem visão ampla dos padrões universais de organização de informações em bibliotecas ou na internet.

A organização de bibliotecas é geralmente baseada em sistemas de classificação de uso universal, nos quais o conhecimento é dividido em dez classes principais e, a partir daí, subdividido em assuntos cada vez mais específicos. Isso significa que bibliotecas que utilizam esses sistemas têm organização semelhante. Embora não haja necessidade de que os estudantes memorizem as classes do sistema, é preciso que se tornem conscientes de que a familiaridade com um sistema de classificação pode ser facilmente transferida para outros. É importante que aprendam o conceito básico de que o material da biblioteca é localizado por meio do catálogo e que ali pode ser identificado a partir do assunto, do título e do autor. São esses, basicamente, os pontos de acesso em catálogos em fichas. Já os catálogos automatizados costumam oferecer mais pontos de acesso além de possibilitarem uma busca mais rápida. E, quando são disponibilizados na internet, podem ser acessados em qualquer computador conectado à rede. No catálogo, cada material é descrito e, para cada um, é indicado um número de chamada que vai permitir sua localização na estante ou em outro lugar onde esteja guardado. É bom lembrar que, nas bibliotecas, há uma separação física dos tipos de material, por exemplo, obras de referência, audiovisuais, jornais, revistas, etc., e o catálogo geralmente indica isso.

A WWW (*World Wide Web*), por sua vez, embora seja considerada um sistema de informação não estruturado, conta com os chamados "motores de busca" ou "ferramentas de pesquisa", que são instrumentos de acesso ao conteúdo da rede. É importante que os estudantes aprendam técnicas de busca nesses instrumentos, para que realizem pesquisas sistematizadas e que garantam a recuperação de informações relevantes. Buscas aleatórias e mal planejadas resultam em recuperação de informações inadequadas, tanto em quantidade quanto em qualidade.

Os estudantes precisam ter também uma noção da hierarquia dos assuntos, aprendendo que termos gerais, como, por exemplo, *zoologia*, incluem termos mais especializados, como *mamíferos*, que, por sua vez, se subdivide em categorias específicas, como *tigres*. Eles precisam aprender a se mover para cima e para baixo na hierarquia dos assuntos quando buscam informações. Às vezes, será necessário um termo de busca mais amplo para localizar material; em outras, um termo mais específico conduzirá às informações necessárias. Alternativas devem ser tentadas até que todos os possíveis pontos de acesso tenham sido esgotados.

Uso do catálogo da biblioteca

O catálogo, seja em fichas, seja automatizado, é o instrumento que dá acesso à coleção da biblioteca. Paralelamente, outros instrumentos de acesso devem ser consultados, já que a utilização exclusiva do catálogo impede que os estudantes encontrem material importante que não esteja nele listado, como, por exemplo, artigos de revistas, que contam com índices próprios. Também as obras de referência e os livros da coleção de não ficção incluem instrumentos de acesso próprio, como sumários e índices,[26] que permitem a localização de informações específicas. Infelizmente, muitos estudantes consideram o catálogo o único instrumento de acesso para obter informações. Essa posição geralmente torna o resultado da busca muito limitado.

O catálogo é o instrumento para localizar material do acervo da biblioteca, fornecendo o número de chamada que vai permitir saber onde se encontra cada material. Em bibliotecas que utilizam sistemas de classificação por assuntos para organizar os tipos de material, os estudantes podem usar os números de chamada que encontraram no catálogo para identificar nas estantes outros livros do mesmo assunto. Como um estudante experiente explicou: "Eu encontro meu número [de chamada] e então procuro um pouco para a esquerda e um pouco para a direita na estante".

A partir do momento em que os livros tenham sido localizados nas estantes, há duas maneiras de usá-los. Os estudantes podem

---

[26] No Brasil, não é comum encontrar índices em livros destinados ao ensino básico. Entretanto, livros usados em cursos universitários costumam conter índices, e, portanto, é necessário que os estudantes comecem a explorar esse recurso no ensino básico, quando for possível.

consultar ou *dar uma olhada* nos livros. *Consultar* é a técnica formal de verificar o índice do livro para achar informações específicas em determinada página e olhar o sumário para encontrar capítulos. *Dar uma olhada* é examinar atentamente o próprio texto, passando os olhos nas páginas e capítulos para encontrar informações pertinentes. Uma combinação das duas abordagens pode ser útil para encontrar informações em livros. Um aluno descreveu como encontrou informações nos livros, procurando nas estantes da biblioteca: "Eu peguei cada livro na estante e olhei em *fantasia*. Encontrei dois muito bons. Encontrei por acaso um em Piaget que ia olhar de qualquer maneira". Os estudantes devem aprender a usar o catálogo de forma criativa para os diferentes propósitos que cada busca requer.

Uso de instrumentos de acesso

Os estudantes precisam aprender a utilizar, de forma consistente, uma variedade de instrumentos de acesso para encontrar informações. Informações em obras de referência, por exemplo, devem ser localizadas por meio de seus sumários e índices. Obras de referência contêm uma riqueza de informações, e os estudantes devem desenvolver o hábito de consultá-las para buscar informações pertinentes ao foco.

Outro instrumento de acesso útil são os índices de livros da coleção de não ficção. Muitos estudantes não sabem como localizar informações sobre o foco usando índices de livros. Embora possam ter aprendido a usar índices, na prática, muitos tiveram experiência limitada. Não se tornaram competentes no que diz respeito àquela habilidade e precisam de mais instruções e de prática.

Uma terceira fonte de informação importante que é frequentemente ignorada, porque o acesso não é feito por meio do catálogo da biblioteca, são as revistas e os jornais. Todo estudante deveria aprender a usar os índices dessas publicações – quando disponíveis – pois eles constituem instrumentos que fornecem acesso direto a informações nelas contidas. Além disso, o conhecimento de tais índices leva os estudantes a se familiarizar com o conceito de indexação e os prepara para usar índices de assunto em bibliotecas universitárias ou especializadas. Antes de terminarem o ensino médio, os estudantes deveriam compreender que índices de revistas e jornais fornecem acesso a informações correntes que não estão disponíveis na coleção de livros.

Compreensão da utilidade das fontes

À medida que os estudantes se familiarizam com os diferentes tipos de material, eles podem avaliar quais serão mais úteis para fornecer informações sobre determinado foco. Aprendem a reconhecer não apenas os diferentes gêneros e discursos de um texto, como também a fazer uso de suportes textuais produtiva e autonomamente. Aprendem, por exemplo, que revistas servem para fornecer informações correntes. No caso específico do texto didático, técnico e científico, adquirirão a habilidade de reconhecer e usar criticamente os elementos que compõem a perigrafia do livro, ou seja: capa (sobrecapa, primeira, segunda e quarta capas, orelhas, lombada); falsa folha de rosto, folha de rosto e ficha catalográfica; dedicatória e agradecimentos; epígrafe; sumário; apresentação, prefácio e posfácio; imagens; referências bibliográficas; apêndices e anexos; glossários.

Um estudante descreveu seus prognósticos sobre a utilidade de diversos tipos de material quando começou a coletar informações sobre uma escritora: "Livros sobre sua vida e o sucesso de seus livros, como eles chocavam as pessoas, não eram muito úteis. Eu estava procurando livros sobre sua técnica, não sobre sua vida ou sobre a produção de suas peças".

Os estudantes seguem suas conjeturas e as testam para verificar sua exatidão. À medida que se tornam mais experientes, ajustam a busca de acordo com a exatidão de suas avaliações a respeito da utilidade do material. Se um não é considerado útil, aprendem a passar para outro, em vez de abandonar a busca. Foi assim que um aluno descreveu sua mudança de tática: "Eu esperava que biografias tivessem coisas sobre o que influenciou suas obras, mas descobri que biografias não ajudavam. Então procurei em Hemingway no catálogo da biblioteca e anotei todos os números".

Leitura direcionada

No estágio de coleta, a leitura torna-se mais direcionada do que nos estágios anteriores do processo de pesquisa. Neste ponto, os estudantes devem aprender a procurar somente o material mais útil e a ler apenas as informações mais pertinentes. Precisam concentrar a atenção no foco e ser altamente seletivos na escolha de sua leitura. Uma aluna se referiu à leitura direcionada que fazia na fase de coleta de informações sobre um foco como "leitura séria." Ela disse: "Geralmente eu sento e leio, mas não faço uma leitura séria até chegar ao fim". Os estudantes podem continuar interessados em informações gerais que encontram sobre o assunto. Esse tipo de informação, entretanto, pode distraí-los no estágio de coleta. Se a tarefa de coletar informações deve ser levada a cabo, os estudantes precisam ler com o foco em mente e aprender a passar os olhos nos textos mais úteis para encontrar informações pertinentes, que serão então cuidadosamente lidas e anotadas.

Anotações

Tomar notas é uma habilidade essencial na coleta de informações. À medida que os estudantes leem sobre o foco, precisam registrar as ideias e os fatos que estão planejando usar no trabalho. Tomar notas exige técnicas formais, mas a mecânica da tarefa nunca deveria ser considerada mais importante do que o objetivo do trabalho.

Pouca pesquisa tem sido feita sobre como as pessoas realmente tomam notas. Como escolhemos o que deve ser anotado e o que é deixado de fora? Muitos estudantes demonstram dificuldade em decidir exatamente o que anotar. Frequentemente cometem o erro de tentar anotar tudo. Eles devem aprender algumas técnicas que os capacitem a anotar o que será necessário quando estão preparando o trabalho escrito.

Há dois tipos de informação que os estudantes precisam registrar. O primeiro são as citações diretas ou textuais – as próprias palavras do autor – que planejam usar. O segundo são ideias e fatos que pretendem apresentar por meio de paráfrases e sínteses. Os dois tipos de informação devem ser claramente diferenciados uns dos outros nas anotações.

Geralmente é difícil para os estudantes discernir entre o que deve ser citado ou parafraseado. Eles podem aprender a anotar uma citação quando consideram as palavras do autor essenciais para apresentar uma ideia. Citações diretas devem ser anotadas textualmente e colocadas entre aspas.

Ideias e fatos a serem parafraseados podem ser registrados em rascunho, como lista ou outra forma curta de anotação. Não é necessário anotar cada palavra, mas as principais ideias e fatos significativos sobre o foco deveriam ser registrados. Algumas vezes, os estudantes pensam erroneamente que, quando mudam umas poucas palavras do texto do autor, não precisam identificar a fonte de onde tiraram a informação. Precisam aprender a referenciar o material de onde extraíram todas as ideias e fatos que planejam usar. Sejam as que serão citadas, sejam as que são parafraseadas, sejam ainda as que serão sintetizadas.

Anotação requer capacidade de abstração, que é uma habilidade complexa, envolvendo nível alto de pensamento. Os estudantes precisam selecionar ideias e fatos de diferentes tipos de material e combiná-los com a própria representação mental. A ênfase das anotações deveria estar nas ideias que estão construindo sobre o foco. Um aluno descreveu desta forma como fez as anotações sobre seu foco: "Então eu pesquisei e encontrei o máximo que podia. Anotei tudo usando minhas próprias palavras".

Deve ser utilizada uma forma sistemática de anotação. Muitos professores recomendam o uso de fichas. Sugerem maneiras complexas de compilar e organizar informações, geralmente usando sistemas elaborados de codificação. Entretanto, fichas podem ser complicadas para estudantes que estão se iniciando no processo de pesquisa. Quando não se exigem fichas, os estudantes raramente usam esse método por conta própria. Muitos preferem usar um caderno porque já estão acostumados a fazer isso em situações semelhantes, tais como aulas expositivas e leituras marcadas pelo professor. Aqui, sugere-se que, durante o estágio de coleta, o diário seja usado como um caderno de anotações para registrar informações sobre o foco. As páginas do diário são divididas pela metade, dobrando-as verticalmente. A referência bibliográfica de cada material lido é escrita no alto da primeira página e numerada. Cada página de anotações sobre aquele material deve usar o mesmo número, de modo que a referência completa dele não precise ser repetida em cada página. Do lado esquerdo da página, citações e ideias do autor são anotadas. No lado direito, os estudantes podem registrar as próprias reações ou acréscimos às ideias do autor.

Anotação é uma técnica formal e necessária para a coleta de informações. Entretanto, a mecânica do processo não deve dificultar o desenvolvimento das ideias. Durante o estágio de coleta de informações, a ênfase deveria ser dada à acumulação de ideias e pensamentos sobre o foco. As anotações deveriam fortalecer o desenvolvimento de ideias sobre o foco.

Controle do material consultado

A *Lista de material consultado*, que foi usada no estágio de exploração, pode continuar a ser utilizada quando os estudantes estão coletando informações. A referência completa de cada documento usado deve ser registrada na lista. Na coluna de *Descrição* da lista, os estudantes podem anotar a página do diário em que as anotações sobre aquele documento em particular estão localizadas.

A lista de material é adequada para trabalhos curtos, de até dez páginas, com dez ou vinte referências. Para trabalhos longos, tais como teses e dissertações, que fazem uso extensivo de material, fichas podem ser mais apropriadas. Uma vez que os estudantes tenham aprendido os meandros da citação bibliográfica, eles podem facilmente mudar para fichas. Estudantes de nível médio, entretanto, consideram as fichas confusas e fáceis de perder. A lista de material pode ser grampeada no diário. Assim, eles terão um único caderno fácil de carregar, usar e controlar para coletar informações e anotar citações.

Papel do professor

Mesmo o aluno mais cuidadoso precisa de orientação na coleta e anotação de informações. Estudantes iniciantes na pesquisa tendem a copiar trechos ou a fazer anotações esparsas, inadequadas, de sua leitura. Na seguinte declaração, um aluno descreveu a necessidade de orientação. "Não me pareceu que eu tinha realmente feito uma pesquisa, porque não tinha escrito ainda uma palavra. Eu tinha páginas com duas linhas escritas nelas a partir de minhas leituras. Mas não tinha realmente anotado minhas ideias". O professor deve ensinar aos estudantes a forma sistematizada de tomar notas sobre o material que utilizam e a serem seletivos em suas anotações, identificando as informações que pretendem citar, parafrasear ou resumir.

Durante este estágio, devem ocorrer reuniões com a classe para orientação a fim de permitir que os estudantes continuem discutindo ideias sobre o foco, uma vez que isso os ajuda a clarear e a organizar ideias que vão surgindo.

Papel do bibliotecário

Quando os estudantes estão coletando informações sobre o foco, a maioria já definiu suficientemente o assunto para serem capazes de solicitar as informações de que precisam. É neste momento que a ajuda do bibliotecário é mais proveitosa. Entretanto, muitos estudantes não compreendem como o bibliotecário pode ajudá-los no processo de pesquisa. Alguns querem que o bibliotecário localize o material para eles, enquanto outros consideram que solicitar sua ajuda significa trapacear. Ambas as atitudes são empecilhos para uma orientação produtiva. Todos os bibliotecários têm familiaridade com os estudantes que solicitam ajuda em excesso, mas os que não solicitam passam despercebidos.

Vários estudantes descreveram como tiveram dificuldade em usar a biblioteca, e mesmo assim não procuraram ajuda do bibliotecário. Eles disseram: "Fui à biblioteca e realmente não sabia onde nada estava". "Quando fui [à biblioteca], encontrei um monte de livros. Tinha um livro que tinha Dickens[27] no índice, mas não consegui encontrar no livro. Procurei por cerca de 15 minutos, mas foi perda de tempo; não tinha nada sobre Dickens". "Procurei em índices de revistas e de jornais. Anotei tudo, mas não olhei nas revistas. Não usei nenhuma delas. Tive bastante problema para encontrá-las no índice. Fiquei lá tanto tempo que tive dor de cabeça".

---

[27] Charles Dickens (1812-1870). Escritor inglês. Seus livros mais conhecidos são *Oliver Twist* e *David Copperfield*, nos quais descreve as más condições de trabalho da classe operária inglesa na era vitoriana.

Os estudantes precisam de orientação sobre quando e como explicar sua necessidade de informação e podem adquirir posteriormente um grau de independência no uso de bibliotecas e de fontes de informação. A competência na coleta de informações desenvolve-se a partir da compreensão da organização do universo informacional e da experiência em utilizar os recursos disponíveis. Ensinar o processo de pesquisa envolve apresentar uma ampla perspectiva da estrutura da informação, mostrando instrumentos de organização e de recuperação da informação que os sistemas de informação oferecem e, ao mesmo tempo, propiciando aos estudantes a prática frequente de coletar informações.

Neste estágio, os estudantes precisam aprender como referenciar os vários tipos de material que utilizam na pesquisa, tais como livros, revistas e verbetes de enciclopédia, e o bibliotecário deve orientá-los. Os alunos podem entender que existem várias formas aceitáveis de referência bibliográfica, mas deve-se exigir que usem consistentemente uma forma ao longo do trabalho de pesquisa. Para isso, um manual de normalização deve ser indicado, e a biblioteca da escola deve manter alguns exemplares disponíveis na coleção de reserva.

As seguintes atividades são planejadas para ajudar os estudantes a coletar informações relacionadas ao foco.

Atividades

▶▶ Atividade 5-1 – Linha do tempo do processo de pesquisa

A linha do tempo do processo de pesquisa ajuda os estudantes a visualizar o processo no todo. Permite-lhes compreender em qual etapa se encontram, definir a tarefa que têm à frente e saber que sentimentos esperar. Auxilia-os também a adquirir senso mais realista do tempo, ao longo do processo de pesquisa.

Duração
- 20 minutos.

Material
- Quadro-negro.

Observação
- Esta é uma extensão da *Atividade 1-4 – Linha do tempo do processo de pesquisa*

Conduzida por
- Professor ou bibliotecário.

Instruções

Elabore no quadro a linha do tempo do processo de pesquisa, anotando os cinco primeiros estágios, como mostrado a seguir:

Solicitação do trabalho pelo professor	Seleção do assunto	Exploração de possíveis focos	Definição do foco	Coleta de informações
|	|	|	|	|

Faça uma revisão dos primeiros quatro estágios e identifique brevemente o quinto, lembrando que os estudantes receberam a tarefa, selecionaram o assunto, exploraram informações para o foco e definiram o foco da pesquisa. Diga que agora estão prontos para coletar informações sobre o foco e mostre-lhes, na linha do tempo, o ponto que representa o quinto estágio.

Descreva a tarefa do quinto estágio considerando que nele devem localizar informações sobre o foco. Ressalte que precisarão ler e tomar notas das informações que planejam usar no trabalho e necessitarão reunir informações de diferentes tipos de material.

Chame a atenção para o sentimento que estudantes comumente experimentam no quinto estágio, lembrando que a maioria deles se sente mais confiante sobre a pesquisa nesse ponto do processo. Reforce como o foco dá a eles senso de direção e compreensão de quais informações buscar, e que muitos estudantes se tornam mais interessados no assunto à medida que coletam informações sobre o foco.

Relembre aos estudantes que devem definir o foco antes de entrar neste estágio, assegurando-se de que têm o foco para a pesquisa antes de começar a coletar informações. Explique mais uma vez que coletar informações envolve tomar notas apenas sobre aquilo que tem a ver com o foco.

Acompanhamento
Esta atividade é prevista para ser seguida por outras que ajudem os estudantes a encontrar informações sobre o foco.

▶▶ Atividade 5-2 – Pensar no universo informacional

Esta atividade ajuda os estudantes a refletirem de que forma os vários tipos de material podem fornecer informações sobre seu foco. Eles se tornam conscientes dos padrões de organização da informação e são encorajados a usar diferentes tipos de material.

Duração
- Um horário de aula. A parte escrita pode ser dada como tarefa de casa.

Material
- Os estudantes podem usar os diários ou o *Exercício 5-2 – Pensar no universo informacional*.

Conduzido por
- Bibliotecário ou professor.

Instruções
Explique que existem sistemas de informação disponíveis (como, por exemplo, as bibliotecas e a internet), que oferecem material variado, cada um contendo um tipo específico de informação. Diga-lhes que, quando estão coletando informações sobre um assunto, precisarão pensar nos diferentes tipos de informação que se aplicam a ele. Assim, à medida que o bibliotecário ou o professor descreve cada tipo de material, os estudantes devem pensar no tipo de informação que podem nele encontrar e que seria útil para a pesquisa.

1. Obras de referência – Obras de referência tais como enciclopédias, dicionários, atlas e almanaques contêm informações básicas, definições e dados estatísticos. Essas informações são apresentadas de maneira objetiva, ajudando a entender o assunto em geral e facilitando leituras posteriores. Nas bibliotecas, essas obras formam uma coleção à parte.

2. Livros de não ficção – Muitas das informações que os alunos vão usar estarão em livros de não ficção. Devem

lembrar-se de que muitos desses livros podem apresentar o ponto de vista de um autor ou incluir apenas um aspecto do assunto. Precisam lê-los cuidadosa e criticamente.

3. Biografias – Em determinadas áreas, certas pessoas tiveram contribuição significativa ou foram líderes. Biografias dessas pessoas podem conter informações importantes para determinados assuntos.

4. Livros de ficção – Se o assunto é sobre um autor ou um gênero literário, a própria obra literária não deve ser desprezada. Além disso, livros de ficção sobre o assunto podem propiciar uma perspectiva que não é dada por outro material. Por exemplo, um trabalho sobre os primórdios dos sindicatos dos trabalhadores pode ser enriquecido pela leitura de *Parque industrial,* de Patrícia Galvão (Pagú).

5. Periódicos – Revistas e jornais oferecem informações atuais. Além disso, um assunto já antigo pode ser estudado em relação ao seu impacto no presente.

6. Arquivos de recortes – Folhetos e recortes de revistas e jornais são colecionados nas bibliotecas, em arquivos de recortes, geralmente denominados "hemerotecas". Esse material varia em qualidade e importância, mas ali podem ser encontradas informações interessantes.

7. Bases de dados em CD-ROM – Há muitas bases de dados que contêm informações estatísticas, referências de artigos de revistas ou os próprios textos completos. Nessas bases de dados, podem ser encontradas informações que não estão disponíveis de outra maneira.

Complemente a explicação dizendo que todos esses tipos de material podem também estar disponíveis na internet.

Faça com que os estudantes escrevam o que esperam encontrar sobre o assunto em cada tipo de material. Insista para que sejam bem específicos. Ofereça ajuda individual enquanto estão escrevendo.

Acompanhamento
Na aula subsequente, faça com que compartilhem suas ideias sobre informações que esperam encontrar e discuta suas respostas.

Alerte-os individualmente para qualquer documento que não conheçam e que lhes possa ser útil.

Exercício da Atividade 5-2

Nome: _____
Data: _____
Assunto: _____
Foco: _____

Pensar no universo informacional

Descreva como cada tipo de material pode auxiliar sobre seu assunto de pesquisa.

- Obras de referência

- Biografias

- Livros de não ficção

- Livros de ficção

- Periódicos

- Revistas

- Jornais

- Arquivo de recortes

- Bases de dados

- Internet

- Outros

▶▶Atividade 5-3 – Identificação de termos de busca durante o processo de pesquisa

Na *Atividade 3-2 – Estrutura hierárquica dos assuntos*, os estudantes identificaram termos de busca relacionados ao assunto geral. Agora, precisarão identificar outros que levem a informações específicas sobre o foco. Esta atividade ajuda os estudantes a encontrar termos de busca específicos para encontrar o foco.

Duração
- Um horário de aula. Os estudantes começam esta atividade durante a aula e a completam posteriormente, à medida que leem o material encontrado.

Material
- Os estudantes podem usar os diários ou o *Exercício 5-3 – Identificação de termos de busca durante o processo de pesquisa*.

Conduzido por
- Bibliotecário ou professor.

Instruções

Faça com que os estudantes examinem a lista de termos elaborada na Atividade 3-2. Explique que esses termos podem ser usados para localizar informações sobre o assunto geral no catálogo da biblioteca e em outras fontes de informação. Faça com que examinem a lista e eliminem aqueles que não se aplicam ao foco. Ressalte que eles precisarão listar outros termos que representem o foco. À medida que aprendem mais sobre os assuntos, encontrarão termos e palavras-chaves, pessoas, eventos e lugares que se relacionam ao foco. Peça-lhes que anotem cada um desses termos, pois eles podem ser úteis para conduzi-los a informações para a pesquisa.

Acompanhamento

À medida que os estudantes estão pesquisando nas fontes de informação, sugira-lhes que verifiquem sempre a lista de termos. Recomende consultar dicionários para encontrar sinônimos desses termos, de modo a enriquecer a busca.

Exercício da Atividade 5-3

Nome: _____
Data: _____
Assunto: _____
Foco: _____

Identificação de termos de busca durante o processo de pesquisa

Enquanto você estiver lendo sobre seu assunto, mantenha atualizada a lista de palavras que se relacionam a seu foco para usar como termos de busca.

1. Termos e palavras-chaves

2. Pessoas

3. Lugares

4. Eventos

▶▶Atividade 5-4 – Compreensão da hierarquia da classificação bibliográfica[28]

Esta atividade ajuda os estudantes a localizar informações sobre seu assunto usando a classificação bibliográfica. Aprendem que o sistema hierárquico de classificação é a base das classificações utilizadas em bibliotecas, como, por exemplo a Classificação Decimal de Dewey (Quadro 3) e a Classificação Decimal Universal (Quadro 4).

Duração
- Um horário de aula. Esta atividade pode ser combinada com a *Atividade 5-3 – Identificação de termos de busca durante o processo de pesquisa*.

Material
- Quadro-negro ou *flipchart*; lista das categorias principais da classificação utilizada na biblioteca da escola.

Conduzido por
- Bibliotecário com o professor.

Instruções
Descreva brevemente o esquema básico de um sistema de classificação, dizendo que, em muitas bibliotecas, o material é organizado em assuntos gerais e subdividido a partir de categorias amplas para categorias específicas. Essas bibliotecas utilizam esquemas de classificação padronizados para organizar o material de forma hierárquica.

Distribua as listas que mostram as principais categorias do sistema de classificação da biblioteca.

No quadro-negro ou no *flipchart*, demonstre as subdivisões dentro de uma das classes principais do esquema. Por exemplo:

    600 Ciências Aplicadas
        630 Agricultura
            631 Criação de animais
                636.1 Cavalos
                636.16 Pôneis
    Ou

---

[28] Esta atividade deve ser desenvolvida em bibliotecas que utilizam sistemas de classificação hierarquizados.

500 Ciências Exatas
590 Zoologia
599 Mamíferos
599.2 Marsupiais

Esclareça que, quando buscam informações sobre o assunto, eles precisarão procurar material nas classes principais, bem como nas subdivisões dessas classes. Pondere que perderão informações se procurarem apenas material que esteja classificado especificamente em seu foco. Provavelmente, eles não encontrarão informações suficientes se não procurarem também material classificado em categorias gerais.

Proponha as seguintes questões:

1) Qual é a principal categoria da classificação da biblioteca que representa seu assunto?

2) Quais são as subdivisões, dentro da categoria principal, que representam seu assunto?

3) Listem os números de chamada de livros que podem conter informações sobre seu assunto.

Utilize o *Exercício da Atividade 5-4 – Compreensão da hierarquia da classificação bibliográfica.*

Variação
Se os estudantes planejam visitar outras bibliotecas, alerte-os que sua organização pode ser diferente, aconselhando-os a pedir ajuda do bibliotecário caso tenham dificuldade para localizar algum tipo de material.

Acompanhamento
Faça com que os estudantes continuem a usar o sistema de classificação enquanto estão coletando informações. Estimule-os a procurar auxílio do bibliotecário se tiverem qualquer dúvida.

Quadro 3 – Sistema de Classificação Decimal de Dewey: classes principais e subdivisões

000 **Obras gerais. Generalidades.**
010 Bibliografia
020 Biblioteconomia
030 Enciclopédias gerais
040 Coleções gerais de ensaio
050 Periódicos gerais
060 Associações em geral. Museus
070 Jornalismo. Jornais
080 Poligrafia. Coletâneas
090 Livros raros. Manuscritos. Ex-libris

100 **Filosofia**
110 Metafísica
120 Metafísica especial
130 Ramificações da psicologia. Metapsíquica
140 Doutrinas e sistemas filosóficos
150 Psicologia
160 Lógica
170 Ética
180 Filósofos antigos e medievais
190 Filósofos modernos

200 **Religião**
210 Teologia natural
220 Bíblia
230 Dogmas. Doutrinas
240 Moral e Prática religiosa
250 Teologia pastoral
260 Igreja cristã: Instituições e trabalho
270 História cristã da Igreja
280 Igrejas cristãs e seitas
290 Igrejas não cristãs

300 **Ciências sociais. Sociologia**
310 Estatística
320 Ciência política
330 Economia. Organização econômica
340 Direito
350 Administração pública. Direito administrativo
360 Serviço social. Associações e instituições
370 Educação
380 Serviços de utilidade pública
390 Usos e costumes. Folclore

400 **Filologia (Linguística)**
410 Filologia comparada
420 Filologia inglesa e anglo-saxônica
430 Filologia alemã e de outras línguas germânicas
440 Filologia francesa, provençal, catalã
450 Filologia italiana e romena. Romance
460 Filologia espanhola
469 Filologia portuguesa. Galega
470 Filologia latina e de outras itálicas
480 Filologia grega e de outras helênicas
490 Filologia de outras línguas

500 **Ciências puras**
510 Matemática
520 Astronomia
530 Física
540 Química
550 Geologia
560 Paleontologia
570 Biologia. Antropologia
580 Botânica
590 Zoologia

600 **Ciências aplicadas. Tecnologia**
610 Medicina
620 Engenharia
630 Agricultura
640 Economia doméstica

650 Organização e administração do comércio, da indústria e dos transportes
660 Tecnologia química. Indústrias químicas
670 Manufaturas
680 Profissões mecânicas
690 Materiais e processo de construção

700 **Artes e divertimentos**
710 Urbanismo
720 Arquitetura. Arte monumental
730 Escultura. Artes plásticas
740 Desenho. Decoração
750 Pintura
760 Gravura. Estampa. Ilustração
770 Fotografia
780 Música
790 Divertimentos, jogos. Esportes. Teatro. Coreografia

800 **Literatura**
810 Americana
820 Inglesa
830 Alemã e outras germânicas
840 Francesa. Provençal. Catalã

850 Italiana. Romena. Romanche
860 Espanhola
869 Portuguesa
869.9 Brasileira
870 Latina e outras itálicas
880 Gregas e outras helênicas
890 Outras literaturas

900 **História**
910 Geografia política. Viagens. Explorações
920 Biografias coletivas
930 História antiga em geral
940 Europa
950 Ásia
960 África
970 América do Norte
980 América do Sul
981 Brasil
990 Oceania. Regiões árticas e antárticas

Fonte: PRADO, Heloísa de Almeida. *Organização e administração de bibliotecas.* 2. ed. São Paulo: T. A. Queiroz, 2000. p. 141-176.

Quadro 4 – Sistema de Classificação Decimal Universal: classes principais e subdivisões

0 Generalidades
00 Prolegônemos. Fundamentos do conhecimento e da cultura
01 Bibliografia e Bibliografias. Catálogos
02 Biblioteconomia
06 Organizações e outras formas de cooperação
08 Poligrafias. Obras de autoria coletiva
09 Manuscritos. Obras raras e notáveis
1 Filosofia, psicologia

11 Metafísica
13 Filosofia da mente e do espírito
14 Sistemas e pontos de vista filosóficos
16 Lógica
17 Filosofia moral. Ética. Filosofia prática

2 Religião, teologia
21 Teologia natural
22 A Bíblia. Sagrada Escritura
23 Teologia dogmática

24 Teologia prática
25 Teologia pastoral
26 Igreja cristã em geral.
27 História geral da Igreja Cristã
28 Igrejas, Seitas, denominações cristãs
29 Religiões não cristãs

3 **Ciências sociais**
31 Demografia. Sociologia. Estatística
32 Política
33 Economia. Ciência econômica
34 Direito. Jurisprudência
35 Administração Pública. Governo. Assuntos militares
36 Atenção às necessidades materiais e mentais da vida: Serviço social. Assistência social. Habitação. Seguros.
37 Educação. Ensino. Instrução. Lazer.
39 Etnologia. Etnografia. Costumes. Usos. Tradições. Modo de vida. Folclore

5 **Ciências naturais**
51 Matemática
52 Astronomia
53 Física
54 Química
55 Ciências da terra
56 Paleontologia
57 Ciências biológicas
58 Botânica
59 Zoologia

6 **Tecnologia**
61 Ciências médicas
62 Engenharia
63 Agricultura e ciências e técnicas afins
64 Economia doméstica
65 Organização e administração da indústria, comércio e comunicações
66 Tecnologia química
67/68 Indústrias, artes industriais e ofícios diversos
69 Indústria da construção

7 **Arte**
71 Planejamento regional
72 Arquitetura
73 Artes plásticas
74 Desenho
75 Pintura
76 Artes gráficas
77 Fotografia
78 Música
79 Recreação. Diversões

8 **Língua, linguística, literatura**
80 Filologia
81 Linguística e línguas
82 Literatura

9 **Geografia, biografia, história**
91 Geografia
93/99 História
94 História geral

Fonte: McILWAINE, I. C. *Guia para utilização da CDU*. Brasília: IBICT, 1998. 143 p.

Exercício da Atividade 5-4

Nome: _____
Data: _____
Assunto: _____
Foco: _____

Compreensão da hierarquia de classificação bibliográfica

Anote a principal categoria do sistema de classificação utilizado na biblioteca que representa seu assunto.

Liste as subdivisões dentro da categoria principal que podem representar seu assunto.

Liste os números de chamada de livros que podem conter informações sobre seu assunto.

▸▸ Atividade 5-5 – Uso do catálogo da biblioteca[29]

Esta atividade orienta os estudantes no uso do catálogo da biblioteca para localizar material sobre o foco. Eles aprendem a usar termos de busca e decidem que materiais localizar, consultando registros bibliográficos e descritivos do catálogo.

Duração
- Um horário de aula. Os estudantes podem precisar completar a atividade fora do horário de aula.

Material
- O catálogo e a coleção da biblioteca; *Lista de material consultado* já utilizado na *Atividade 3-7 – Lista de material consultado*.

Conduzido por
- Bibliotecário com o professor.

Instruções
Usando a lista de termos da *Atividade 5-3 Identificação de termos de busca durante o processo de pesquisa*, faça os estudantes procurarem todos esses termos no catálogo da biblioteca. Oriente-os a ler cada registro catalográfico cuidadosamente, para determinar se o material tem relação com o foco. Peça que referenciem todos os documentos relativos ao foco na Lista de material. Eles devem observar se o material pertence à coleção de empréstimo, de referência ou de audiovisuais e registrá-lo na lista apropriada.

Faça uma breve revisão das informações contidas em um registro catalográfico, enfatizando que, além das informações bibliográficas, o registro pode indicar a existência de ilustrações, bibliografia, índices e descrição do conteúdo. Explique que essas informações podem ajudá-los a avaliar a utilidade do material. Alerte-os para a importância de observar datas de *copyright* a fim de avaliar a atualidade das informações.

Acompanhamento
Recolha e avalie as listas de material. Sugira termos de busca e fontes que possam ter sido ignoradas.

---

[29] Esta atividade deve ser desenvolvida em bibliotecas que tenham catálogos manuais ou *on-line*.

▶▶ Atividade 5-6 – Passar os olhos nas estantes

Nesta atividade, os estudantes localizam livros nas estantes na biblioteca. Encontram informações relativas ao foco usando o índice e o sumário dos livros.

Observação
- Esta atividade foi planejada para ser realizada em seguida à *Atividade 5-6*.

Duração
- Um horário de aula. Os estudantes provavelmente precisarão continuar a fazer mais buscas por conta própria. Isso pode ser feito na mesma aula da *Atividade 5-5 – Uso do catálogo da biblioteca*. Entretanto, deve-se tomar cuidado para não apressá-los em ambas as atividades.

Material
- Coleção da biblioteca; *Lista de material consultado (livros)*; lista de termos de busca.

Conduzida por
- Bibliotecário e professor.

Instruções

Verifique se os estudantes anotaram na lista de material o número de chamada dos livros que localizaram. Explique que o número de chamada indica a classe de assunto e a coleção na qual cada material está localizado. Lembre-os de onde cada coleção está localizada na biblioteca.

Direcione os estudantes para localizar os livros nas estantes e consultar os sumários e índices, a fim de determinar qual deles contém informações relativas ao foco. Reveja brevemente o procedimento para encontrar informações sobre um assunto em sumários e índices de livros. Recomende que consultem as listas de termos de busca quando forem localizar informações em sumários e índices de livros. Oriente-os a usar os termos que mais especificamente representem o foco, ponderando que termos gerais deverão conduzi-los para o livro, mas termos específicos deverão conduzi-los para informações sobre o foco dentro do livro. Aconselhe-os a procurar livros que tenham várias páginas sobre o foco, de preferência páginas consecutivas.

Descreva a diferença entre índice e sumário, lembrando que o sumário lista os capítulos do livro e é útil para localizar um capítulo inteiro sobre o foco. Esclareça, no entanto, que eles devem consultar tanto o sumário quanto o índice do livro.

Explique que muitos pesquisadores experientes usam uma técnica chamada *browsing* para ajudá-los a encontrar informações. Estimule-os também a, depois que obtiveram os números de chamada no catálogo e localizaram os livros nas estantes, a olhar os livros vizinhos para ver se eles contêm informações sobre o foco. Essa é uma técnica muito útil quando o estudante está tendo dificuldade em localizar material em quantidade suficiente. Os livros são classificados por assunto, e aqueles vizinhos do seu número de chamada podem também conter informações sobre o assunto.

Recomende que escolham livros que se relacionem ao foco e verifique aqueles que pretendem usar. Faça os estudantes anotarem na coluna de descrição na lista de material se o livro é útil, não adequado, ou não disponível.

Circule pela sala e ofereça auxílio individual. Estimule os estudantes a pedir ajuda se estão sentindo dificuldade e ofereça auxílio para aqueles que pareçam relutantes em procurar ajuda ou estejam dispersos na realização da tarefa.

Acompanhamento

Insista com os estudantes para retornarem à biblioteca, a fim de continuarem a localizar informações e buscar ajuda quando necessário. Distribua cópias do *Exercício Passar os olhos nas estantes* para que registrem o material que encontraram.

Exercício da Atividade 5-6

Nome: _____
Data: _____
Assunto: _____
Foco: _____

Passar os olhos nas estantes

1. Liste os números de chamada que você registrou na sua lista de material.

2. Localize a coleção e a estante onde os números de chamada estão localizados.

3. Encontre informações sobre seu foco usando o sumário dos livros.
   Título   Capítulo e página

4. Encontre informações sobre seu foco usando os índices dos livros.
   Título   Página

5. Verifique os sumários e os índices de livros vizinhos dos números de chamada. Acrescente à sua lista de material os novos documentos encontrados.
   Título   Página

6. Categorize cada documento na sua lista de material como Muito Útil, Útil ou Pouco Útil, com base no que você encontrou nos índices e sumários.

▶▶Atividade 5-7 – Uso de obras de referência

Esta atividade oferece oportunidade para os estudantes usarem obras de referência gerais e especializadas. Eles se tornam conscientes dos tipos de informação que podem encontrar em obras de referência.

Duração
- Um horário de aula. Os estudantes provavelmente necessitarão de tempo extra, fora do horário de aula, para completar esta atividade.

Material
- Obras de referência; *Lista de material consultado (referência)*; lista de termos de busca

Conduzido por
- Bibliotecário e professor.

Instruções

Explique aos estudantes que obras de referência são importantes fontes de informação, relembrando que têm usado obras gerais de referência, tais como enciclopédias e dicionários para obter informações básicas e para definir o assunto. Mas existem também enciclopédias, dicionários e outras obras de referência em áreas que abrangem assuntos específicos. Exemplos são:

- *Dicionário de ecologia e ciências ambientais*
- *Dicionário de mitologia grega e romana*
- *Dicionário de Machado de Assis*
- *Pequena enciclopédia de personagens da literatura*

Descreva como localizar informações em obras de referência especializadas, dizendo que elas geralmente contêm um índice que dá acesso ao conteúdo. Ressalte que precisarão examinar cada uma para determinar como o conteúdo está organizado e não devem hesitar em pedir ajuda se estiverem em dúvida sobre como usá-la.

Faça os estudantes localizarem as obras de referência que listaram na sua lista de material utilizando o *Exercício Uso da coleção de referência*. Além disso, recomende que passem os olhos nas estantes, olhando outras obras da mesma classe de assunto. Insista para que usem as listas de termos de busca. Relembre aos estudantes sobre o regulamento da biblioteca, que normalmente não permite o empréstimo domiciliar de obras de referência. Eles vão usar as obras de referência na biblioteca e, portanto, precisarão identificar informações que planejam usar e devem prever tempo para ficar na biblioteca a fim de ler e tomar notas. Faça-os ver que obras de referência são planejadas para serem apenas consultadas, e não lidas do começo ao fim, e que, por isso, as informações de que precisam podem ser lidas e anotadas num período de tempo relativamente curto.

Alerte os estudantes para examinar obras de referência gerais que podem ter informações básicas para a pesquisa, por exemplo, almanaques para dados estatísticos e atlas para mapas e informações geográficas. Faça-os também conscientes sobre as fontes biográficas que possam ter informações relativas ao foco.

Relembre aos estudantes de que obras de referência aparecem também em CD-ROM ou DVD e na internet.

Circule entre os estudantes, auxiliando-os individualmente a localizar e usar obras de referência.

Variação

Se o trabalho de pesquisa da classe toda é relacionado a uma única área de assunto, discorra sobre obras de referência relativas àquele assunto. Por exemplo, se o trabalho de pesquisa está relacionado à literatura, descreva as obras de crítica literária e biografias de autores.

Acompanhamento

Estimule os estudantes a retornar à biblioteca para usar obras de referência em seu tempo livre. Ofereça ajuda quando necessário.

Exercício da Atividade 5-7

Nome: _____
Data: _____
Assunto: _____
Foco: _____

Uso da coleção de referência

1. Escreva o número de chamada das obras de referência que você encontrou no catálogo da biblioteca e registrou na sua lista de material.

   Número de chamada _____

2. Verifique no esquema de classificação utilizado pela biblioteca as principais classes que contêm seu assunto.

   Classe principal _____

3. Usando os números de chamada, localize a classe de assunto da coleção de referência que se relaciona ao seu assunto. Consulte as obras de referência, usando o índice e o sumário para localizar informações sobre seu assunto.

   Título   Página

4. Busque em uma base de dados *on-line* informações adicionais relativas ao seu assunto.

   Título   Localização

5. Acrescente em sua lista de material referências bibliográficas úteis que você encontrou.

▶▶ Atividade 5-8 – Uso de informações correntes

Esta atividade dá aos estudantes oportunidade de utilizar jornais e revistas. Aprendem a usar os índices desse material para localizar informações sobre o foco.

Duração
- Um horário de aula. Os estudantes provavelmente necessitarão de tempo adicional fora do horário de aula para completar a atividade.

Material
- Índices de revistas e jornais, *Lista de material consultado (revistas e jornais)*, lista de termos de busca.

Conduzida por
- Bibliotecário e professor.

Preparação
Os estudantes que não têm familiaridade com índices de revistas e jornais deverão aprender a usá-los antes de realizar esta atividade.

Instruções
Explique que revistas e jornais contêm informações sobre descobertas, opiniões e acontecimentos correntes que podem tornar a pesquisa mais atualizada e interessante. Ressalte que a maioria das informações sobre assuntos correntes estará em revistas e jornais. Esses materiais pode também conter artigos que trazem perspectiva atual de um assunto antigo.

Descreva aqueles disponíveis e explique que eles precisarão usar os índices para localizar informações. Por exemplo, o *Superarquivo* da revista *Superinteressante* pode conduzi-los para artigos sobre seu foco.

Explique brevemente como usar cada índice. Esclareça que os periódicos relatam o evento no momento em que ocorreu; portanto, fascículos antigos dão as notícias no contexto em que os eventos ocorreram no passado. Esclareça que algumas bibliotecas colecionam matérias de jornais e revistas que são recortados e mantidos em arquivos. Esse material é selecionado de acordo com os interesses dos usuários daquelas bibliotecas e podem ser úteis para pesquisas de assuntos históricos.

Faça os estudantes consultar os índices e registrar nas listas de materiais (revistas e jornais) os artigos que planejam usar, distribuindo o *Exercício uso de informações correntes*. Auxilie os estudantes individualmente no uso de índices para localizar informações sobre o foco. Insista para que usem a lista de termos de busca.

Variação

Introduza estudantes mais adiantados a índices de assuntos especializados. Se esses índices não estiverem disponíveis na coleção da biblioteca, encaminhe os estudantes para bibliotecas universitárias e especializadas.

Acompanhamento

Estimule os estudantes a retornarem à biblioteca para usar material corrente. Ofereça auxílio quando necessário.

Exercício da Atividade 5-8

Nome: _____
Data: _____
Assunto: _____
Foco: _____

Uso de informações correntes

Localize informações sobre seu assunto em cada um dos seguintes índices. Anote o volume e a página que contêm informações sobre seu assunto.

                Volume   Página

Jornais

Revistas

Recortes

Consulte cada um dos índices acima e registre as referências bibliográficas em suas listas de material (revistas e jornais).

▶▶Atividade 5-9 – Avaliação de material

Esta atividade ajuda os estudantes a selecionar material que contribuirá com informações para a pesquisa. Eles aprendem a avaliar o objetivo original do material e também a data de publicação, ponto de vista do autor, tipo e âmbito.

Duração
- Um horário de aula.

Material
- Quadro-negro.

Conduzido por
- Bibliotecário com o professor.

Instruções
Explique aos alunos que é importante entenderem a finalidade ou o objetivo do material que estão utilizando. Exemplifique, ressaltando que informações em revistas e jornais são correntes e se tornam rapidamente desatualizadas, e que alguns textos podem apresentar apenas um aspecto de um assunto ou um ponto de vista particular. Explique que existem muitos tipos de material que podem ser utilizados, tais como autobiografias, diários, documentos históricos, cartas, romances, peças e entrevistas. Estimule-os a explorar vários deles para enriquecer a pesquisa. Estimule os estudantes a pensar como cada tipo de material pode fornecer informações sobre o foco de sua pesquisa.

Algumas questões para os estudantes refletirem quando usam o material são:

- Quando o material foi publicado?
- O autor está apresentando um ponto de vista particular?
- O trabalho apresenta uma visão geral ou um aspecto do assunto?
- Qual é a característica do material: um relatório de pesquisa? Um texto opinativo? Um relato de experiência?

Distribua o *Exercício Avaliação de material*.

Acompanhamento

Insista com os estudantes para localizarem informações de cada tipo de material que será útil para a pesquisa. Auxilie-os quando tiverem dificuldade.

Exercício da Atividade 5-9

Nome: _____
Data: _____
Assunto: _____
Foco: _____

Avaliação de material

Cinco questões para refletir ao determinar o valor do material que você localiza na biblioteca:

1. Qual o objetivo original do material?

2. Quando o material foi publicado?

3. O autor está apresentando um ponto de vista particular?

4. O trabalho apresenta visão geral ou um aspecto do assunto?

5. Qual é a característica do material: um relatório de pesquisa? Um texto opinativo? Um relato de experiência?

▶▶ Atividade 5-10 – Anotações

Esta atividade fornece aos estudantes um método sistematizado para tomar notas sobre o material que utilizam. Aprendem a ser seletivos em suas anotações, identificando as informações que pretendem citar, parafrasear ou resumir.

Duração
- Um horário de aula, com tempo adicional fora da classe para continuar coletando e anotando informações.

Material
- Material relacionado ao foco; diários ou folhas de anotações.

Conduzida por
- Professor e bibliotecário.

Instruções

Explique aos estudantes que precisarão tomar notas sobre as informações que pretendem usar no trabalho. Relembre-os de que devem anotar apenas informações que se relacionem diretamente ao foco. Eles podem usar o diário como caderno para registrar as informações que estão coletando.

Esclareça que o processo de anotação consiste em tomar notas ao mesmo tempo em que determinam como pretendem apresentar as informações: citações, paráfrases ou resumos. O mais comum é usar paráfrases ou resumos. Citações são feitas apenas quando as palavras de um autor são consideradas essenciais.

Esclareça que *parafrasear* é recontar informações com as próprias palavras; *resumir* é apresentar o significado central das informações de forma abreviada; *citar* é usar as palavras exatas do texto. Informe ainda que ideias e fatos que pretendem parafrasear ou resumir podem ser anotadas na forma de esquema ou lista, usando palavras-chave e frases. Citações devem ser registradas como aparecem no texto e colocadas entre aspas.

Faça com que os estudantes dividam as páginas do diário ao meio, dobrando-as verticalmente ou forneça-lhes folhas de anotação ou usem o *Exercício Anotações*. Peça que escrevam a referência do documento no alto da página. No lado esquerdo da página, devem anotar as citações e as informações que pretendem parafrasear ou resumir. O número da página do documento deve ser registrado na margem esquerda ao lado de cada trecho ou item de informação anotada. No lado direito da página, devem ser registradas as próprias reações e acréscimos às informações anotadas. Eles devem também estabelecer e anotar conexões com informações de outros documentos.

Acompanhamento

Auxilie os estudantes que apresentam dificuldades em tomar notas. Recolha e leia as anotações. Trabalhe individualmente com estudantes que necessitem de ajuda extra.

Exercício da Atividade 5-10

Nome: _____
Data: _____
Assunto: _____
Foco: _____

Anotações

Página	Citações, fatos, ideias	Suas reações e acréscimos

Capítulo 6
Preparação para apresentação do trabalho escrito

TAREFA	Terminar a busca de informações.
PENSAMENTOS	Identificar necessidade de informações adicionais; levar em consideração o limite de tempo; observar redundância crescente; observar redundância decrescente; esgotar os recursos.
SENTIMENTOS	Sentimento de alívio; às vezes satisfação; às vezes desapontamento.
AÇÕES	Checar novamente o material anteriormente negligenciado; conferir as informações e as referências; elaborar esquema; redigir rascunho; redigir a versão final com bibliografia.
ESTRATÉGIAS	Voltar às fontes de informação para fazer uma última busca.

Tarefa do sexto estágio

No sexto estágio do processo de pesquisa, os estudantes precisam completar a coleta de informações, organizar as anotações e preparar-se para mostrar os resultados. Esses resultados podem ser apresentados na forma de trabalho escrito ou outro formato determinado pelo professor no início do processo de pesquisa.

Quando os estudantes entram no último estágio da pesquisa, a maior parte da coleta de informações está completa. Entretanto, às vezes eles têm de fazer uma última busca, certificando-se de que não deixaram escapar material relevante. Muitos estudantes acham que é preciso conferir a referência de um material que usaram ou confirmar determinado fato ou ideia que anotaram. Entretanto, no início deste estágio, a maior parte da coleta de informações já foi completada.

As anotações devem ser novamente lidas e organizadas. Os estudantes precisarão identificar os pontos principais em torno dos quais vão organizar o que anotaram. Podem fazer um esquema dos pontos principais e acrescentar informações relacionadas, à medida que as anotações forem relidas. Desta forma, elaboram uma estrutura para apresentar os resultados da pesquisa.

O esquema fornece uma estrutura para a redação do trabalho de pesquisa. O foco deve ser apresentado na introdução. As ideias e os fatos anotados serão utilizados para redigir o corpo do trabalho, que é completado por um parágrafo resumido, contendo a exposição conclusiva sobre o foco.

Até esse estágio, os estudantes podem considerar desnecessário identificar o foco, que deveria ter sido definido antes de começarem a coletar informações e, depois, refinado e adaptado enquanto as informações estavam sendo coletadas. As anotações devem incluir apenas informações pertinentes que serão utilizadas na apresentação. Devem conter somente ideias e fatos sobre o foco do trabalho.

Sentimentos dos estudantes durante a elaboração do trabalho

Ao final do processo de pesquisa, muitos estudantes experimentam um sentimento de alívio. Alguns descreveram seus sentimentos dessa forma: "Alívio, a parte difícil terminou, a parte fácil está chegando. Achei muito mais fácil escrever do que localizar informações". "Alívio, terminei e agora é só escrever". "Ótimo, a parte difícil terminou. Estou quase acabando agora. Por enquanto terminei minha busca. Sei exatamente como meu trabalho vai ficar".

Outros estudantes têm medo de escrever o trabalho e só ficam aliviados quando a tarefa termina: "Você sabe que tem todas estas informações e tem de enfiá-las em um trabalho escrito. Penso que é a parte mais difícil. É a menos agradável".

Nesse ponto, alguns estudantes experimentam sentimento de insatisfação. Estão desapontados por não ter encontrado as informações que estavam procurando ou por não ter tido tempo de seguir alguma nova pista que tenha surgido. "Senti que o tempo foi curto. Comecei a ter uma ideia real das coisas que eu queria fazer. Senti que precisava de mais informações, e isso me chateou porque sabia que não tinha tempo. Estava bravo comigo por não ter começado mais cedo".

Ao final do processo de pesquisa, outros estudantes têm um sentimento de realização. Aprenderam sobre o assunto, apresentaram os resultados com sucesso e completaram de forma bemsucedida uma tarefa difícil e complexa.

Encerramento da busca de informações

Os estudantes podem determinar de várias maneiras que a busca de informações está completa: (1) esgotaram o tempo estabelecido para o trabalho; (2) todo o material útil foi consultado; e (3) foi feito esforço suficiente. Em alguns casos, o fato de o tempo estar se esgotando torna-se fator de controle para os estudantes. Entretanto, quando os três fatores são cuidadosamente levados em consideração, é mais provável que a busca na biblioteca seja propositalmente encerrada, e não apenas suspensa.

Manutenção do prazo

Geralmente os estudantes terminam a coleta de informações pouco antes do prazo dado para o trabalho, sendo raros aqueles que a finalizam com maior antecedência. Pode ser que alguns queiram voltar à biblioteca e consultar outras fontes de informação para obter mais dados e manter a busca em andamento o maior tempo possível. Entretanto, o elemento tempo é importante para determinar o término da busca. Alguns estudantes explicaram como foram influenciados pelo tempo: "Geralmente o término da busca coincide com o prazo final." "Eu estava ficando sem tempo ...". O final da busca é quando o tempo estabelecido acaba". "Parei de buscar por falta de tempo. Na verdade, nunca consultei um último documento. Sei que é hora de redigir quando o prazo termina".

O tempo estabelecido para um trabalho de pesquisa complexo pode ser de quatro a dez semanas. A maioria dos estudantes que teve experiência com trabalhos de pesquisa preferiu um período de quatro semanas. Disseram: "Ele [o professor] nos deu um mês e meio. Acho que, quanto mais tempo você tiver, mais você adia. Penso que três a quatro semanas é melhor". "Tivemos muito tempo. Foi melhor quando tivemos apenas um mês. Não é preciso dois meses".

Os estudantes podem aprender a controlar o ritmo, a fim de fazer o percurso de forma efetiva em cada estágio. A habilidade de estabelecer o ritmo vem com a experiência e consciência do processo de pesquisa.

Esgotamento dos recursos informacionais

Os estudantes determinam que já localizaram a maioria do material sobre o foco ao encontrar informações de relevância decrescente e de redundância crescente.

Uma estudante descreveu assim sua experiência de encontrar informações com menor relevância: "Você chega aonde quer e então depois começa a sair um pouco do assunto". Os estudantes podem aprender a reconhecer a relevância decrescente após terem localizado e coletado volume substancial de informações relevantes sobre o foco. A diminuição da relevância ocorre apenas depois que o material mais útil foi localizado e utilizado.

A redundância também ocorre apenas após uso extensivo do material da biblioteca. Quando os estudantes começam a descobrir as mesmas informações em novos tipos de material, é sinal de que a busca está completa. Uma estudante descreveu sua experiência com a redundância: "No final você está apenas procurando informações extras para assegurar-se que tem tudo. Mas muitas delas são repetidas".

Saber quando os recursos foram esgotados a partir do reconhecimento de sinais de relevância decrescente e redundância crescente é uma técnica sutil que requer experiência e prática. Os estudantes precisam de paciência, concentração e determinação para reconhecer o término do projeto de pesquisa. Podem aprender a finalizar a busca porque esgotaram os recursos disponíveis, em vez de parar apenas porque o tempo acabou.

Realização de esforço suficiente

Alguns estudantes sentem que concluíram a tarefa de pesquisa por terem feito o que consideram esforço suficiente. Não determinam que a pesquisa esteja completa apenas com base na adequação de seus resultados. Um estudante descreveu sua atitude desta forma: "Fiquei tão enjoado e cansado de ler tantos livros que disse: está bom. Fiz um bom trabalho. O material que encontrei é suficiente".

Nem sempre a estimativa, por parte dos estudantes, do que seja esforço suficiente combina com a energia requerida para a pesquisa completa do foco. Quando reconhecem o esforço exigido, podem julgar melhor se se empenharam suficientemente. A quantidade de esforço deve ser considerada em relação às informações que foram coletadas sobre o foco e às exigências do trabalho.

Verificação final das fontes de informação

Muitos estudantes fazem uma verificação final das fontes de informação antes de concluir a pesquisa. Procuram material que possam ter negligenciado. Um estudante disse: "Voltei à coleção de referência para checar se havia alguma coisa que não havia aproveitado. Não tinha nada que deixei escapar. Não foi em profundidade e não foi útil". Outro disse: "Quando penso que esgotei todos os livros, costumo ir à biblioteca mais uma vez para ter certeza de que consegui tudo que queria. Pego os livros de novo e dou uma olhada no índice para ter certeza de não ter esquecido alguma coisa. Então, se tenho certeza de que consegui tudo que posso, está pronto".

Continuar a busca por um curto período de tempo após ter encontrado os documentos mais úteis é uma estratégia importante para os alunos aprenderem. Muitos têm tendência a parar quando encontram algum material útil. Ao terminar prematuramente, podem estar perdendo informações valiosas. A busca pode ser considerada completa apenas quando começam a encontrar material menos útil. Um aluno afirmou: "Depois que encontrei o que queria, continuei procurando. Parei minha busca quando não consegui encontrar nada ou quando encontrava coisas que estavam me desviando do caminho".

Fundamentação adequada do foco

Ao término da busca, as informações coletadas deveriam ser suficientes para permitir ao estudante atender aos requisitos do trabalho. Eles devem aprender a determinar a extensão e a profundidade da busca em termos desses requisitos.

Ter o foco claro em mente é importante para determinar quando a pesquisa está completa. Estudantes que não conseguiram definir o foco coletam informações sobre o assunto geral e têm dificuldade de concluir a pesquisa. O volume de informações disponíveis geralmente é grande demais, e a pesquisa acaba sendo suspensa mais do que completada. O ato de procurar informações para fundamentar e construir o foco fornece limites controláveis para a busca de informações. Por outro lado, o foco fornece o núcleo para organizar as informações coletadas.

Organização das anotações

Ao completar a busca, os estudantes precisam organizar as anotações, preparando-se para redigir o trabalho ou elaborar outro tipo de apresentação requerida pelo professor. Antes de começar, devem estabelecer o foco por escrito para que ele fique claro. A seguir, devem se perguntar o que querem dizer sobre o foco.

O primeiro passo na organização das anotações é ler tudo que foi anotado e identificar nesse conjunto três a cinco pontos principais sobre o foco. O foco precisa abranger cada um dos pontos identificados. Os estudantes devem passar os olhos nas anotações, tendo em mente os pontos principais, para se certificarem de que não esqueceram um ponto central que querem incluir.

Em seguida, é preciso que decidam a ordem em que apresentarão os pontos principais sobre o foco. Após tomar a decisão, os pontos principais devem ser listados e numerados na ordem em que serão apresentados. Os alunos podem ler as anotações novamente para determinar as ideias e os fatos relacionados aos pontos principais, numerando-os de acordo com os pontos descritos.

O esquema

A partir do momento em que identificaram os pontos principais sobre o foco e os fatos e as ideias correspondentes, os estudantes estão prontos para fazer o esquema, ou seja, uma lista detalhada dos pontos principais e de fatos e ideias a eles relacionados. O esquema é um plano para apresentação das informações, e, ao elaborá-lo, os estudantes tornam-se capazes de organizar os pensamentos para então redigir.

Podem identificar ilustrações e exemplos e incluí-los no local adequado no esquema. Devem decidir sobre quais citações diretas pretendem usar e adicioná-las ao esquema. Podem dar destaque às informações a serem parafraseadas e resumidas. Podem também indicar ideias que ampliam e conectam as informações coletadas. Desta forma, o esquema fornece a estrutura para o trabalho escrito.

Citação, paráfrase e resumo

As informações que os estudantes anotaram podem ser citadas, parafraseadas e resumidas. As referências do material de onde retiraram cada citação, paráfrase ou resumo devem ser incluídas na lista localizada no final do trabalho.

As informações que os estudantes planejam citar diretamente devem ser copiadas literalmente, entre aspas. Essas citações são escolhidas para dar autoridade e reforçar ideias. Os estudantes podem aprender a escolher citações e a usá-las com parcimônia, uma vez que o excesso diminui seu impacto. As citações devem ser usadas apenas quando as palavras do autor contribuem significativamente para enriquecer o trabalho.

Grande parte das informações anotadas deve ser parafraseada ou resumida. Parafrasear é a habilidade complexa de reafirmar a ideia de um autor nas palavras do estudante. Aqueles que têm pouca experiência com paráfrase ficam geralmente tentados apenas a substituir algumas palavras aqui e ali. Entretanto, parafrasear requer pensar cuidadosamente na afirmativa do autor para compreendê-la e reafirmá-la de forma clara, usando termos e frases mais familiares.

Algumas informações devem ser resumidas para que a apresentação não seja muito longa. Resumir requer a habilidade de destacar o que é central em uma ideia e apresentá-la de forma sucinta. Parafrasear e resumir são habilidades complexas que precisam ser aprendidas e praticadas. É importante que os estudantes tenham experiência com paráfrases e resumos antes de usar tais habilidades em um trabalho de pesquisa.

Conexão e ampliação de ideias

Os estudantes devem ser capazes de apresentar as informações que pesquisaram, conectando-as às próprias ideias sobre o seu foco de pesquisa. Ou seja, a capacidade de ampliar o que leram, conectando às próprias idéias, é que leva a um trabalho articulado e significativo.

De fato, sem relacionar pensamentos, o trabalho é simplesmente um amontoado de ideias e fatos sem sentido. As conexões que os alunos forem capazes de fazer é que articulam as ideias. Os estudantes precisam, do mesmo modo, decidir a ordem na qual as ideias devem ser apresentadas e conectar os vários pontos.

Ampliações são *insights* e opiniões que os estudantes desenvolvem sobre o assunto. Ao ampliarem as informações que pesquisaram, desenvolvem seu ponto de vista sobre o assunto que será apresentado de forma clara na introdução e na conclusão do trabalho.

Redação do trabalho

O trabalho escrito é a compilação dos fatos e das ideias essenciais sobre o assunto, selecionados em vários documentos e apresentados na perspectiva dos estudantes. Eles escolhem aqueles a ser incluídos no trabalho e definem a ordem da apresentação. Desta maneira, o trabalho é um produto original e criativo do que o estudante aprendeu.

O trabalho pode ser apresentado de várias formas: debate, relatório oral, exibição de vídeo ou *slides,* estando a redação implícita na elaboração de qualquer uma delas. Entretanto, o trabalho escrito tem uma estrutura formal que o distingue de outras formas de apresentação.

O trabalho escrito é constituído de introdução, desenvolvimento e conclusão. Na introdução, os estudantes apresentam o foco escolhido. O corpo ou desenvolvimento do trabalho é composto dos resultados da pesquisa, que descrevem e fundamentam o foco. Os estudantes selecionam os pontos principais e os apresentam utilizando citações, paráfrases e resumos dos textos que leram e anotaram. A conclusão é um enunciado resumido de sua perspectiva sobre o foco.

Existe uma estrutura específica para o trabalho escrito. Recomende um manual de normalização para os estudantes seguirem ao redigirem e documentarem os trabalhos. Eles podem aprender que existem várias formas de normalização aceitáveis, mas que uma deveria ser escolhida para ser seguida de maneira consistente. Precisam consultar um manual de normalização para elaborar a bibliografia, as partes do trabalho, a digitação, a paginação e as citações.

Os estudantes precisam aprender a escrever o trabalho em duas etapas – o rascunho e a versão final. O rascunho – uma redação feita a partir do esquema – é elaborado com citações, paráfrases e resumos das anotações. O professor pode rever o rascunho e recomendar alterações. O documento final deveria ser entregue de forma caprichada, digitado ou manuscrito, com as correções e revisões completas.

Bibliografia

Os estudantes devem manter anotações das referências do material que usaram durante o trabalho. Devem entender claramente que o objetivo das referências é identificar o material de onde retiraram as citações, as paráfrases e os resumos que usaram e que esse deve ser citado para não se configurar plágio.

Para evitar a ênfase exagerada na técnica e forma de elaborar as referências, deve-se apresentar no início do processo de pesquisa apenas o conceito de bibliografia como forma de evitar plágio. Só mais tarde o formato a ser usado deve ser ensinado, ou seja, quando os estudantes estão se preparando para escrever o trabalho e estiverem prontos para elaborar as referências. Sugere-se ensinar isso no terceiro estágio, quando os estudantes estão começando a explorar informações sobre o assunto.

Recomende-lhes um manual de normalização para seguirem de maneira consistente ao longo do trabalho de pesquisa. Eles deveriam entender que existe mais de uma forma aceitável de apresentar referências. A familiaridade com várias dessas formas permitirá que façam adaptações facilmente, para quaisquer formas que sejam exigidas em futuros trabalhos. Os estudantes devem recorrer ao manual recomendado quando tiverem dúvidas sobre a forma adequada de elaborar as referências.

As referências do material que foi relacionado nas *Listas de material consultado* devem ser selecionadas e organizadas para serem incluídas no final do trabalho escrito. Raramente tudo que foi registrado nas listas precisa ser incluído na bibliografia do trabalho. Os estudantes precisam selecionar aquilo que realmente utilizaram para apresentar o foco no trabalho escrito. As referências devem ser organizadas alfabeticamente, geralmente pelo sobrenome do autor.

Os estudantes podem ficar confusos sobre como referenciar os diferentes tipos de material. Mesmo aqueles que tiveram instruções anteriormente e possuem experiência em elaborar referências podem precisar rever a forma adequada. É importante que aprendam a não confiar na memória para fazer corretamente a referência, mas se habituem a consultar o manual de normalização.

Papel do professor

O professor desempenha importante papel, ajudando na preparação da apresentação da pesquisa. Os estudantes precisam de auxílio para organizar as anotações e para elaborar o esquema das informações que coletaram. O professor deveria rever os esquemas dos estudantes

antes que comecem a escrever o rascunho. Neste estágio inicial da redação, o professor pode ajudar a clarear ideias para a apresentação.

Os estudantes também precisam de orientação para aprender como selecionar e usar citações. Decidir que informações citar, parafrasear e resumir é difícil para estudantes de nível médio. Eles precisam de orientação para elaborar as próprias interpretações. O professor pode criar oportunidades tanto para explicar quanto para levar os estudantes a praticarem essas complexas habilidades. Devem orientar os estudantes no próprio processo de redigir o texto e de expressar ideias em um trabalho escrito.

Papel do bibliotecário

Os estudantes precisam de orientação para aprender a diferença entre completar a busca e simplesmente parar porque o prazo está terminando. O bibliotecário pode ajudá-los a reconhecer a redundância crescente e a relevância decrescente. Pode também ajudá-los a determinar o que está faltando nas informações que coletaram e orientá-los a encontrar novos tipos de material. Os estudantes precisam aprender como fazer uma conferência final das fontes de informação para se certificarem de que não deixaram de lado alguma informação. As atividades que se seguem ajudam os estudantes a prepararem a apresentação dos trabalhos.

Atividades

▶▶Atividade 6-1 – Fundamentação adequada do foco

Nesta atividade, os estudantes vão refletir se as informações que coletaram estão adequadas para apresentação do foco. Eles precisam avaliar o volume de informações obtidas em relação às exigências do trabalho.

Duração
- Um horário de aula. Esta atividade pode ser combinada em uma aula com as *Atividades 6-2 Indícios de término da busca de informações* e *6-3 Verificação final nas fontes de informação.*

Material
- As anotações que os estudantes fizeram das informações coletadas.

Conduzida por
- Professor.

Instruções

Explique aos estudantes que, ao final da busca, é necessário que tenham coletado informações suficientes para apresentar o trabalho de acordo com as exigências feitas. Peça a um estudante que leia em voz alta as instruções distribuídas no início do trabalho, de forma que todos relembrem o que foi pedido.

Sugira aos estudantes que releiam suas anotações, pensando no que foi pedido no início e também no foco que querem apresentar. Pergunte se as informações que obtiveram satisfazem aos dois objetivos. Distribua o *Exercício Fundamentação adequada do foco*.

Peça aos estudantes que assinalem os pontos que precisam ser completados com mais informações e anotem questões que estejam incompletas.

Explique que essas questões podem indicar necessidade de mais informações. Lembre-os de que os projetos de pesquisa, ao terminarem, deixam geralmente algumas questões inexploradas. Oriente-os a manter em mente as exigências do trabalho quando estiverem fechando a busca de informações e a se questionarem se estão certos de ter satisfeito as exigências do trabalho.

Acompanhamento

Insista com os estudantes para verificar se precisam de mais orientação para determinar a adequação das informações que coletaram.

Exercício da Atividade 6-1

Nome: _____
Data: _____
Assunto: _____
Foco: _____

Fundamentação adequada do foco

Ao ler suas anotações, você deve responder às seguintes questões:

1. As informações que você coletou satisfazem às exigências do trabalho? Justifique sua resposta.

2. As informações que você coletou são adequadas para apresentação de seu foco? Justifique sua resposta.

3. Que questões ainda permanecem sem resposta?

4. Quais destas questões são essenciais para a apresentação de seu foco e para atender às exigências do trabalho?

5. Quais destas questões poderiam ser deixadas para outro projeto de pesquisa?

▶▶ Atividade 6-2 – Indícios de término da busca de informações

Os estudantes aprendem a reconhecer a redundância crescente e a relevância decrescente como indícios de que a busca está chegando ao fim. Eles devem ser estimulados a procurar esses indícios e a não interromper a busca só porque o prazo acabou ou porque despenderam o que consideram esforço suficiente.

Duração
- Um horário de aula. Esta atividade pode ser combinada com as *Atividades 6-1 – Fundamentação adequada do foco* e *6-3 Verificação final nas fontes de informação*.

Material
- *Lista de material consultado*.

Conduzida por
- Bibliotecário e professor.

Instruções

Explique aos estudantes que eles podem determinar se a busca está completa quando tiverem localizado as informações mais úteis sobre o assunto. Utilize o *Exercício Indícios de término da busca de informações*. Diga-lhes que nem sempre é fácil saber quando localizaram as informações mais úteis, mas existem alguns sinais para ajudá-los. Um deles é a redundância crescente, e outro é a relevância decrescente.

Defina a redundância crescente explicando que ela se torna aparente quando as novas informações localizadas são similares às encontradas em material que já usaram. O pesquisador começa a descobrir poucas informações novas e a encontrar textos repetitivos.

Defina a relevância decrescente esclarecendo que ela se torna aparente quando o material localizado contém menos informações relativas ao foco. O pesquisador começa a achar informações que estão fora do assunto e têm menos utilidade para a pesquisa.

Recomende aos estudantes não parar a busca só porque encontraram algum material útil. Estimule-os a continuar procurando mais informações até que encontrem indícios de redundância crescente e relevância decrescente.

Faça com que avaliem a utilidade do material que relacionaram na *Lista* escrevendo *útil*, *muito útil* ou *pouco útil*, próximo à referência de cada material. As últimas informações localizadas podem ser menos úteis e mostrar relevância decrescente e redundância crescente.

Acompanhamento

Encoraje os estudantes a continuar a busca mesmo depois de terem localizado informações úteis.

Exercício da Atividade 6-2

Nome: _____
Data: _____
Assunto: _____
Foco: _____

Indícios de término da busca de informações

Você deve responder às seguintes questões que vão ajudá-lo a saber se você localizou as informações mais úteis sobre seu assunto.

1. O novo material contém informações similares àquelas que você encontrou anteriormente?

2. O novo material contém poucas informações novas e muita repetição de informações que você já encontrou?

3. O novo material contém poucas informações sobre seu foco?

4. O novo material contém informações que estão fora do assunto e são menos úteis para sua pesquisa?

▶▶ Atividade 6-3 – Verificação final nas fontes de informação

Nesta atividade, os estudantes fazem uma busca final nas fontes antes de encerrar a pesquisa coletando material que tenham deixado escapar.

Duração
- Um horário de aula. Esta atividade pode ser combinada com as *Atividades 6-1 – Fundamentação adequada do foco* e *6-2 – Indícios de término da busca de informações*.

Material
- Fontes de informação; *Listas de material consultado*.

Conduzida por
- Bibliotecário e professor.

Instruções
Explique aos estudantes que, quando estão terminando a busca, é útil fazer uma verificação final nas fontes para ter certeza de que informações importantes não foram esquecidas.

Recomende que façam isso usando pelo menos três instrumentos: as obras de referência, o catálogo da biblioteca, um índice de revista. Use o *Exercício Verificação final nas fontes de informação*. Explique que, agora que estão mais bem informados sobre o foco do trabalho e têm ideia de como vão apresentá-lo, podem descobrir que um material que consideraram irrelevante a princípio poderá, afinal, ser útil.

Depois de feita a verificação, encoraje os estudantes a trocar ideias com o bibliotecário. Verifique as anotações nas *Listas de material consultado* e recomende outros que possam ser úteis.

Acompanhamento
Após terem feito a verificação final das fontes de informação, olhe novamente as *Listas de material consultado* para se certificar de que os estudantes incluíram todos os documentos pertinentes ao assunto.

Exercício da Atividade 6-3

Nome: _____
Data: _____
Assunto: _____
Foco: _____

Verificação final nas fontes de informação

Confira as seguintes fontes para ter certeza de que não deixou escapar informações importantes e relevantes. Liste outras fontes que contenham informações que queira usar.

1. Obras de referência

2. Catálogo da biblioteca

3. Índices de periódicos

4. Peça ao bibliotecário que verifique sua lista de material e recomende algum que você possa ter esquecido.

Localize o material e, se houver algum que você planeje usar, acrescente a referência à lista e faça anotações sobre ele.

▶▶ Atividade 6-4 – Organização das anotações

Nesta atividade, deve-se ensinar aos estudantes um método de organizar as anotações à medida que preparam o trabalho de pesquisa ou outro tipo de apresentação.

Duração
- Um horário de aula. Esta atividade pode ser feita como tarefa de casa.

Material
- Anotações feitas pelos estudantes sobre as informações coletadas; lápis e papel.

Conduzida por
- Professor.

Instruções

Explique aos estudantes que precisarão organizar as anotações a fim de planejar adequadamente a apresentação. Use o *Exercício Passos na organização das anotações*. Observe que, quando eles estiverem prontos para organizar as anotações, é importante terem clareza sobre o foco. Para isso devem expô-lo, colocando-o no papel. Faça os estudantes pensarem sobre o que pretendem dizer sobre seu foco.

Sugira-lhes que leiam as anotações sobre as informações que coletaram e identifiquem os pontos principais sobre o foco. Peça-lhes que identifiquem de três a cinco pontos principais que queiram apresentar sobre o foco. Esclareça que três a cinco pontos são a média em trabalhos de pesquisa de estudantes do ensino médio. Sugira mais pontos no caso de um trabalho mais extenso.

Faça os estudantes decidir sobre a ordem em que apresentarão os pontos principais sobre o foco, pedindo-lhes que listem os pontos principais na ordem em que planejam apresentá-los. Lembre-os de colocar o número apropriado próximo aos pontos principais nas anotações.

Oriente os estudantes para relerem as anotações mais uma vez a fim de determinar as ideias e os fatos relacionados a cada ponto principal. Leve-os a numerar as ideias e os fatos de forma que correspondam aos pontos principais que descrevem.

Acompanhamento

Depois que os estudantes tiverem organizado as anotações com os números de códigos, você pode querer revê-las. Caso algum estudante demonstre dificuldade, ajude-o individualmente.

Exercício da Atividade 6-4

Nome: _____

Data: _____

Assunto: _____

Foco: _____

Passos na organização das anotações

1. Exponha resumidamente por escrito o que você quer dizer sobre seu foco.

2. Leia suas anotações e identifique de três a cinco pontos principais que deseja apresentar sobre seu foco. Liste os pontos principais na ordem em que pretende apresentá-los.

    1.
    2.
    3.

3. Leia novamente suas anotações para determinar as ideias e os fatos relacionados a cada um dos pontos. Numere as ideias e os fatos de forma que correspondam aos pontos principais que descrevem.

▶▶Atividade 6-5 – O esquema

Nesta atividade, os estudantes aprendem a técnica para elaborar o esquema. O esquema é uma estrutura para a redação do trabalho.

Duração
- Um horário de aula. Esta atividade pode ser feita como tarefa de casa.

Material
- As anotações feitas pelos estudantes sobre as informações coletadas; papel e lápis.

Conduzida por
- Professor.

Observação
- Esta atividade deve ser realizada após a *Atividade 6-4 – Organização das anotações*.

Instruções

Explique aos estudantes que o esquema é uma estrutura para a redação do trabalho, ou seja, é uma lista dos tópicos e subtópicos do trabalho. Os pontos principais que os estudantes identificaram nas anotações e as ideias e os fatos correspondentes compõem os tópicos e subtópicos no esquema.

Faça os estudantes elaborar o esquema listando os tópicos principais que identificaram nas anotações, na ordem em que querem apresentá-los, pedindo-lhes que deixem espaço suficiente para acrescentar subtópicos. Peça-lhes que leiam as anotações e acrescentem os subtópicos que escolheram abaixo de cada tópico principal. Use o *Exercício Elaboração do esquema*.

Reforce que o esquema constitui a estrutura para a redação do trabalho e que eles podem querer acrescentar detalhes para posteriormente orientá-los na redação.

O esquema pode ser tão detalhado quanto necessário. Sugira que incluam detalhes como as informações a serem citadas, parafraseadas ou resumidas e as próprias ideias que ligam e ampliam as informações que coletaram. Podem também indicar quaisquer ilustrações e exemplos que planejam usar.

Acompanhamento

Olhe o esquema de cada estudante e dê sugestões para melhorá-lo, caso seja necessário. Alguns podem precisar de orientação individual para elaborar o esquema.

Exercício da Atividade 6-5

Nome: _____

Data: _____

Assunto: _____

Foco: _____

Elaboração do esquema

O esquema é uma estrutura para a redação de seu trabalho. Liste os tópicos principais na ordem em que você quer apresentá-los. Acrescente os subtópicos correspondentes sob cada tópico principal.

1
1.1
1.2
1.3
1.4

2
2.1
2.2
2.3
2.4

3
3.1
3.2
3.3
3.4

4
4.1
4.2
4.3
4.4

5
5.1
5.2
5.3
5.4

▶▶Atividade 6-6 – Citação, paráfrase e resumo

Nesta atividade, os estudantes reveem os conceitos e as técnicas de citação, paráfrase e resumo. São conduzidos a planejar a apresentação do trabalho, usando citações, paráfrases e resumos.

Duração
- Um horário de aula. Esta atividade pode ser feita como tarefa de casa.

Material
- Anotações dos estudantes sobre as informações coletadas; papel e lápis.

Conduzida por
- Professor.

Instruções

Explique aos estudantes que as informações que anotaram precisam ser citadas, parafraseadas e resumidas na redação do trabalho. Use o *Exercício Citação, paráfrase e resumo*. Relembre que as informações que planejam citar diretamente deveriam ter sido anotadas literalmente e entre aspas. As citações deveriam ser escolhidas para dar autoridade e para reforçar ideias. É preciso escolhê-las cuidadosamente e usá-las parcimoniosamente. O excesso de citações diminui seu impacto, por isso devem ser usadas apenas quando as palavras do autor contribuem significativamente para a qualidade do texto.

A maior parte das anotações necessitará ser parafraseada ou resumida. Parafrasear é a habilidade complexa de reafirmar a ideia de um autor com as próprias palavras. Não é apenas substituir algumas palavras aqui e ali. Parafrasear requer pensar sobre as ideias do autor para compreendê-las de forma completa e reafirmá-las de forma clara, usando termos e frases que são mais familiares.

Diga que eles precisarão resumir algumas das anotações; caso contrário, o trabalho será muito longo. Resumir envolve entender o que é central em uma ideia e apresentá-la de forma mais sucinta.

Peça-lhes que leiam as anotações para definir como planejam apresentar as informações coletadas. Escrevam um *C* ao lado da anotação que vocês pretendem citar, um *P* ao lado da que querem parafrasear e um *R* ao lado da que vão resumir.

Acompanhamento

Ofereça ajuda individual aos estudantes que apresentam dificuldades e verifique suas anotações a fim de orientá-los caso necessário.

Exercício da Atividade 6-6

Nome: _____
Data: _____
Assunto: _____
Foco: _____

Citação, paráfrase e resumo

Na redação de seu trabalho, você precisará citar, parafrasear e resumir suas anotações.

1. Citação: as citações devem ser escolhidas para dar autoridade a sua apresentação e para reforçar ideias. Devem ser usadas apenas quando as palavras do autor contribuírem significativamente para a qualidade do texto.

   Escreva C ao lado das anotações que planeja citar.

2. Paráfrase: parafrasear é reafirmar as ideias de um autor com as próprias palavras, e não apenas substituir algumas aqui e ali. Parafrasear requer que se reflita sobre a afirmativa do autor para compreendê-la de forma completa e reafirmá-la de forma clara, usando termos e frases que são mais familiares.

   Escreva P ao lado das anotações que planeja parafrasear.

3. Resumo: você precisará resumir algumas das informações que anotou; caso contrário, seu trabalho ficará muito longo. Resumir envolve entender o que é central em uma ideia e apresentá-la de forma sucinta.

   Escreva R ao lado das anotações que planeja resumir.

▶▶Atividade 6-7 – Conexão e ampliação de ideias

Nesta atividade os estudantes reveem os conceitos e as técnicas de relacionar e ampliar ideias. São levados a planejar as conexões e ampliações que vão usar na apresentação dos resultados da pesquisa.

Duração
- Um horário de aula. Esta atividade pode ser feita como tarefa de casa.

Material
- Anotações feitas pelos estudantes.

Conduzida por
- Professor.

Instruções

Explique aos estudantes que, além de apresentar informações que coletaram, eles devem incluir as próprias ideias por meio de conexões e ampliações. Use os *Exercícios 1 – Conexão de ideias* e *2 – Conclusões*. Oriente-os a reunir as anotações de modo que formem um todo que tenha significado e a incluir as próprias ideias sobre o foco, ampliando o que leram no material que coletaram.

Esclareça que, sem conectar pensamentos, o trabalho é simplesmente um amontoado de fatos e ideias sem sentido. As conexões ligam as ideias. É preciso decidir a ordem em que as ideias serão apresentadas e fazer conexões amarrando os vários pontos.

Ressalte que ampliações são *insights* e opiniões que eles formaram sobre o assunto e que, ampliando o que pesquisaram, desenvolvem um ponto de vista sobre o assunto. Peça-lhes, pois, que:

- incluam as complementações na parte conclusiva do trabalho;
- escolham os pontos que vão enfatizar, expondo cada um deles e redijam sentenças conectivas que conduzam de um ponto principal ao seguinte;

- repassem as anotações, lendo a coluna da direita, onde anotaram suas reações relativas às informações que registraram, inclusive as ampliações que elaboraram;
- façam um sinal ao lado dos comentários que queriam incluir no trabalho.

Essas complementações podem ser incorporadas na parte conclusiva do texto.

Acompanhamento

Ofereça auxílio individual aos estudantes que apresentarem dificuldade.

Exercício 1 da Atividade 6-7

Nome: _____
Data: _____
Assunto: _____
Foco: _____

Conexão de ideias

As conexões agrupam os pontos principais do trabalho. Liste abaixo seus pontos principais e escreva uma sentença para conectar cada ponto com o seguinte.

1.

2.

3.

4.

5.

Exercício 2 da Atividade 6-7

Nome: _____
Data: _____
Assunto: _____
Foco: _____

Conclusões

Leia a coluna da direita – anotações –, onde você registrou suas reações e complementações relativas às informações que coletou. Redija uma conclusão para o trabalho, incorporando sua interpretação. A conclusão deve corresponder ao seu foco, como foi apresentado na introdução.

▶▶Atividade 6-8 – Bibliografia

Nesta atividade, os estudantes listam o material que utilizaram, elaborando a bibliografia do trabalho. Seguem o manual recomendado para elaborar corretamente a referência.

Duração
- Um horário de aula. Esta atividade pode ser feita como tarefa de casa.

Material
- Listas de material; manual recomendado; quadro-negro.

Conduzida por
- Professor ou bibliotecário.

Instruções

Lembre aos estudantes que eles precisarão listar na bibliografia as referências do material que utilizaram. Explique que existem muitas formas de fazer referências, mas a do manual deve ser seguida de forma consistente. Use o *Exercício Rascunho da bibliografia*. Indique o manual que vão utilizar e faça-os consultá-lo quando necessário. Informe que não precisam decorar a forma das referências, mas precisam consultar o manual para verificar a maneira correta de elaborá-las.

Descreva como cada tipo de material pode ser referenciado, utilizando exemplos do manual para mostrar como referenciar livro de um autor, livro de mais de um autor, artigo de revista, verbete de enciclopédia, material audiovisual, documentos eletrônicos, etc.

Sugira aos estudantes que selecionem das listas de material aqueles que vão incluir na bibliografia. Ressalte que só precisarão selecionar os documentos que realmente usaram para elaborar o trabalho.

Faça-os organizar as referências (em ordem alfabética ou numérica), de acordo com o sistema de citação recomendado pelo manual que vão utilizar.

Acompanhamento

Verifique o rascunho da bibliografia antes que os estudantes elaborem a versão final, alertando-os para quaisquer erros que possam ter feito nas referências.

Exercício da Atividade 6-8

Nome: _____
Data: _____
Assunto: _____
Foco: _____

Rascunho da bibliografia

Selecione nas suas listas de material aqueles que você utilizou. No espaço abaixo, liste as referências desse material em ordem alfabética. Siga as recomendações do manual para elaborar as referências.

Capítulo 7
Avaliação do processo

TAREFA	Avaliar o processo de pesquisa.
PENSAMENTOS	Aumentar o autoconhecimento; identificar problemas e êxitos; planejar estratégias de pesquisa para trabalhos futuros.
SENTIMENTOS	Sentimento de realização ou de desapontamento.
AÇÕES	Procurar evidência do foco: avaliar o uso do tempo; avaliar o uso das fontes de informação; refletir sobre a ajuda do bibliotecário.
ESTRATÉGIAS	Esboçar linha do tempo: fazer fluxograma; discutir com o professor e com o bibliotecário; redigir síntese.

Tarefa do sétimo estágio

A tarefa final dos estudantes é avaliar o que fizeram. Precisam rever seu desempenho durante o processo de pesquisa para identificar dificuldades e determinar o que poderiam fazer de forma diferente para melhorar.

O objetivo da avaliação é refletir sobre a aprendizagem e identificar em que etapas do processo serão necessárias, no futuro, mais orientação e prática. A avaliação tradicional é aquela do trabalho escrito ou de outra forma de apresentação, feita pelo professor. Entretanto, a nota em um trabalho escrito constitui uma indicação limitada da aprendizagem ou da necessidade de mais orientação. A avaliação do produto final raramente identifica os pontos fracos e fortes dos estudantes no processo de pesquisa.

Portanto, em vez de avaliar apenas o produto final, é importante avaliar também o processo. Seria uma autoavaliação em que os estudantes refletiriam sobre a aprendizagem ocorrida durante as atividades de pesquisa que desenvolveram. Essa estratégia pode possibilitar aos estudantes apontar problemas particulares e conduzir ao aperfeiçoamento e à nova aprendizagem. É claro que a autoavaliação não substitui a avaliação do professor. Juntas, a avaliação dos estudantes e a do professor auxiliam a melhorar o processo.

A avaliação deve ocorrer imediatamente após o término do trabalho, pois, assim, o processo como um todo estaria ainda vivo na mente do estudante quando refletir sobre seu desempenho. O *feedback* imediato é um componente essencial da aprendizagem. A autoavaliação deve ser planejada como último estágio do processo de pesquisa e é preciso ensinar aos estudantes estratégias e técnicas adequadas para realizá-la.

Este livro oferece várias formas de orientar os estudantes para avaliar seu desempenho no processo de pesquisa.

Sentimentos dos estudantes após o processo de pesquisa

Quando os estudantes recordam a pesquisa, frequentemente experimentam um sentimento de realização ou, ao contrário, de desapontamento. Se tiverem sido capazes de localizar e apresentar informações sobre o foco de acordo com as exigências do trabalho, geralmente se sentem satisfeitos. Alguns ficam agradavelmente surpresos com os resultados que foram capazes de produzir. Muitos desejarão falar sobre seus projetos de pesquisa, explicando entusiasticamente o foco e os resultados do trabalho.

Outros ficam desapontados quando suas expectativas não foram alcançadas. São os que não identificaram o foco durante o processo e não tiveram êxito na fundamentação ou na apresentação do foco no trabalho escrito.

Ao final do processo, os estudantes precisam estar conscientes dos seus sentimentos e devem tentar identificar a razão dos sentimentos de realização ou de desapontamento, geralmente indicadores do grau de sucesso que alcançaram no cumprimento das exigências do trabalho. À medida que os estudantes adquirem maior experiência com pesquisa e começam a entender o próprio processo, seus sentimentos ao término do trabalho tornam-se indicadores mais confiáveis na avaliação do sucesso da pesquisa.

Aumento da autoconfiança

A autoconfiança pode levar os estudantes a verem a si mesmos mais objetivamente. Quando se tornam objetivos na avaliação de seu desempenho, estão mais bem preparados para aprender com os próprios erros e sucessos. Eles precisam ser objetivos na avaliação das atividades de pesquisa. A metodologia deste livro foi planejada para torná-los conscientes do processo que vivenciam, enquanto estão desenvolvendo os estágios do trabalho de pesquisa.

Orientar os estudantes a refletir sobre a experiência em realizar o trabalho ajuda-os a revelarem a si próprios seu processo de pesquisa. Normalmente ficam surpresos quando descobrem os vários estágios pelos quais passaram. Um deles descreveu desta forma sua descoberta de estágios do processo de pesquisa: "Bom, acho que existem três fases... Eu nunca percebi que fiz isto. Nunca percebi que fiz todo o trabalho em três fases. Pensei apenas que fiz todo o trabalho no último minuto e fiz meu relatório".

Quando se tornam conscientes dos estágios pelos quais passaram, os estudantes são capazes de planejar adequadamente as atividades, abordando o trabalho de forma mais realista, eficiente e efetiva. Começam a construir ideias sobre o assunto à medida que avançam nos vários estágios do processo.

Na avaliação final, precisam estar atentos a quatro elementos: evidência do foco, uso do tempo, uso das fontes de informação e auxílio do bibliotecário. A consciência de como trabalharam esses elementos pode possibilitar-lhes melhorar seu desempenho em futuros trabalhos de pesquisa.

Evidência do foco

Terminado o trabalho, os estudantes devem avaliar a evidência do foco. No trabalho escrito, o foco precisa estar claramente descrito na introdução e bem fundamentado no corpo do trabalho com base em fatos e ideias coletados nas fontes de informação.

Alguns trabalhos não apresentam claramente o foco. Como descreveu um estudante: "Eu tinha uma ideia geral, mas, não um foco específico... Enquanto estava escrevendo, não sabia qual era meu foco. Quando terminei, não sabia qual era meu foco... Penso que nunca tive um foco. Era um trabalho impossível de se escrever". Os estudantes precisam saber a diferença que faz ter um foco e aprender a identificá-lo antes de começar a coletar informação.

Ao final do trabalho, devem ser capazes de expressar clara e sucintamente o foco. Um teste preciso da presença do foco é ser capaz de expô-lo após o término do trabalho. Quando solicitados a dizer sobre o que é sua pesquisa, estudantes que fizeram trabalhos escritos sem foco tendem a nomear o assunto geral. Quando perguntaram a um estudante sobre o foco de seu trabalho, ele afirmou: "Eu não sei. Eu tinha um. Tinha a ver com transcendentalismo e autoconfiança mais do que qualquer outra coisa... Acho que era transcendentalismo e Emerson".[30] Outra estudante mostrou a mesma dificuldade para falar sobre o foco

---

[30] Ralph W. Emerson (1803-1882). Escritor, filósofo e poeta estadunidense. Sua "filosofia" transcendentalista está exposta em obras como *Natureza* (1836) e *Ensaios* (1841).

de seu trabalho. "Era só Fitzgerald[31] e suas obras". Os estudantes que têm o foco claramente identificado e fundamentado tendem a expô-lo de forma detalhada, e não falar sobre o assunto geral. Uma estudante descreveu de forma clara o foco de seu trabalho: "Eu mostrei como o local (Brook Farm[32]) ajudou as pessoas a usar as ideias do transcendentalismo para fazer a comunidade trabalhar".

Ao avaliar a presença do foco em seus trabalhos, os estudantes aprendem sua função. Tornam-se mais conscientes dos erros que cometeram na sua apresentação, como também do êxito que tiveram em fundamentá-lo. Desta maneira, aprendem a importância de definir o foco no processo de pesquisa e de desenvolvê-lo e fundamentá-lo, utilizando informações coletadas nas fontes.

Uso do tempo

Um elemento importante na avaliação do processo é a maneira como os estudantes progrediram na pesquisa. Eles precisam tornar-se conscientes de como usaram o tempo. O melhor momento para refletirem sobre o processo de pesquisa como um todo e avaliar como usaram o tempo é logo após o término do trabalho.

Muitos estudantes acham que estavam adiando até próximo da data de entrega e que fizeram toda a pesquisa em tempo curto. Entretanto, quando refletem sobre o que realmente aconteceu nos estágios iniciais do processo, ficam surpresos ao descobrir que, mais do que adiar, estavam pensando e aprendendo sobre o assunto.

Enquanto avaliam seu ritmo, os estudantes tornam-se cientes dos estágios que percorreram para desenvolver a pesquisa. O estudante que explicou não ter compreendido que fez todo o trabalho em três fases, mas pensou que havia adiado até o último minuto, estava se tornando consciente dos diferentes estágios do processo. Ao avaliarem suas atividades de pesquisa, os estudantes podem tornar-se conscientes de que, no início do processo, suas ideias sobre o assunto estão se desenvolvendo. Em seguida, estão

---

[31] Frances S. Fitzgerald (1896-1940). Escritor estadunidense.

[32] Brook Farm: experiência utópica transcendentalista idealizada por George e Sophia Ripley em West Roxsburry, Mass., EUA, de 1941 a 1947.

investigando o foco e, finalmente, coletando informações sobre ele. Quando avaliam o uso que fizeram do tempo, podem aprender a efetivamente dimensioná-lo em futuras pesquisas.

Uso dos recursos informacionais

A maneira como o material e as fontes de informação foram usados é fator importante na avaliação da pesquisa. Ao término do trabalho, os estudantes devem recordar a ordem em que eles foram utilizados: aleatoriamente ou em sequência lógica?

Os estudantes devem saber a sequência em que os recursos informacionais foram utilizados. Usar os gerais em primeiro lugar e os mais específicos no desenvolvimento do trabalho é compatível com os estágios do processo de pesquisa. No início do processo, fontes gerais como as enciclopédias ajudam os estudantes a conhecer o assunto. Quando estão explorando informações para definir o foco, necessitam usar material que aborde os vários aspectos do assunto. Após a definição do foco, as informações devem ser extraídas de fontes específicas sobre ele. Os estudantes podem aprender a desenvolver padrões de uso que partam de fontes gerais para específicas.

Um estudante descreveu como entendeu o uso dos recursos informacionais: "Aqueles do meio são mais úteis porque no início você não está muito certo do que está fazendo. Então, no meio, quando define o rumo, você sabe o que está procurando. No final procura apenas coisas extras, porque você está certo que tem tudo, mas grande parte é repetição".

Os estudantes podem tornar-se familiarizados com diferentes formas de usar as fontes nos vários estágios do processo de pesquisa. Por exemplo, o catálogo da biblioteca pode ser usado em cada estágio do processo, em níveis diferentes e com objetivos diversos. É importante que os estudantes estejam conscientes da complexidade de utilizar recursos informacionais e tornem-se mais capacitados a usá-los para diferentes objetivos. Precisam refletir para avaliar como usaram esses recursos durante os vários estágios do processo.

Auxílio do bibliotecário

Ao avaliar o processo de pesquisa, é necessário que os estudantes pensem no auxílio do bibliotecário. Normalmente as expectativas que os estudantes têm sobre a ajuda do bibliotecário são muito grandes ou muito pequenas. Alguns esperam que ele entregue imediatamente o material que é a chave do trabalho. Outros evitam pedir ajuda e tentam ser totalmente independentes. Precisam saber que nenhum dos extremos é a atitude ideal.

Os estudantes podem rever os estágios do processo e analisar como pediram a ajuda do bibliotecário em cada um deles. À medida que recordam os problemas encontrados, devem considerar como o bibliotecário poderia tê-los ajudado. Podem tornar-se conscientes dos diferentes níveis de informação necessários nos vários estágios do processo de pesquisa e avaliar seus pedidos de informação em cada um deles. Podem aprender como pedir informações e praticar como expor o pedido, possibilitando ao bibliotecário ajudá-los. Um estudante descreveu assim sua falta de habilidade de usar os recursos informacionais como resultado da relutância em pedir ajuda ao bibliotecário. "Fui à biblioteca universitária e realmente não encontrei nada porque era tão grande e eu não sabia onde nada estava".

Os estudantes podem aprender a contar com o bibliotecário como um dos recursos da biblioteca. Precisam aprender a não demandar ajuda desnecessariamente, pedindo informações que poderiam localizar com facilidade. Por outro lado, necessitam pensar no bibliotecário como ponto de acesso à coleção e como especialista em pesquisa na biblioteca e nas fontes de informação. A interação com o bibliotecário é parte do processo de pesquisa, e os estudantes podem aprender quando e como lhe pedir informações.

Técnicas para avaliar o processo de pesquisa

O processo de pesquisa é empreendimento individual difícil de ser avaliado, tanto pelos estudantes como pelos professores, se não contarem com técnicas adequadas que o exponham à observação. Este livro oferece técnicas para ajudar os estudantes a observarem seu processo de pesquisa. Cada uma dessas técnicas desvela o processo, de modo a possibilitar que os estudantes tornem-se mais conscientes do próprio desempenho durante cada estágio, identifiquem problemas e tomem medidas para melhorá-lo. As atividades indicadas neste capítulo – linha do tempo, fluxograma, reuniões e redações – são formas de rever as atividades de pesquisa para avaliá-las.

Linha do tempo

Neste livro, a linha do tempo do processo de pesquisa tem sido usada para ajudar os estudantes a visualizar os estágios do processo e identificar onde se encontram, antes de prosseguir. Quando tiverem completado o trabalho, podem personalizar a linha do tempo, desenhando uma para representar o próprio processo.

Desenhando a linha e identificando o início do trabalho à esquerda e o término à direita, os estudantes expõem seu processo de pesquisa. Podem consultar o diário para recordar eventos e datas a ser colocados na linha do tempo, mostrando quando escolheram o assunto, quando exploraram informações para o foco, quando definiram o foco, quando coletaram informações, quando completaram a pesquisa nas fontes de informação e quando prepararam a apresentação.

Essa técnica expõe os estágios do processo de pesquisa, permitindo que os estudantes avaliem como usaram o tempo durante os diferentes estágios. Ao tornar aparentes os estágios, os estudantes são capazes de planejar melhor o uso do tempo em futuros trabalhos.

Fluxograma

O fluxograma, da mesma forma que a linha do tempo, expõe todo o processo de pesquisa. Entretanto, ele não é restrito aos estágios do processo, mas acrescenta detalhes.

Os estudantes recebem uma folha de papel com um quadrado no canto superior esquerdo e outro ao pé da página, à direita. O primeiro é etiquetado como *trabalho solicitado*, e o outro, como *trabalho escrito*. Os estudantes fazem o fluxograma acrescentando quadrados para mostrar como desenvolveram o processo de pesquisa. Cada quadrado mostra o passo que foi dado para completar o trabalho. Os estudantes podem usar os diários para ajudá-los a recordar o progresso da pesquisa. No fluxograma, podem mostrar: quando usaram as fontes de informação, que material localizaram, como suas ideias sobre o assunto evoluíram para o foco, os passos que deram para coletar informações, retratando detalhadamente o processo de pesquisa do início ao fim.

Ao construir o fluxograma, os estudantes obtêm visão geral das atividades desenvolvidas, podendo visualizar facilmente o processo como um todo, já que esse é representado por um gráfico em uma única página. Essa visão geral oferece aos estudantes um meio de avaliar como progrediram e identificar pontos problemáticos. Eles podem analisar seus passos e determinar o que devem fazer diferente nas próximas vezes que tiverem trabalhos de pesquisa ou quando forem investigar qualquer assunto por conta própria.

Reuniões

Reunir-se com o professor ou o bibliotecário ao término do trabalho de pesquisa é ação muito efetiva para ajudar os estudantes a recordar e a avaliar as atividades que desenvolveram. Usando técnicas como *linha do tempo* e *fluxograma*, podem descrever a pesquisa. Dessa forma, estágios e passos do processo que são normalmente negligenciados ou ignorados podem ser examinados e avaliados, e o professor e o bibliotecário podem fazer recomendações para melhorar a pesquisa.

Os estudantes se beneficiam da orientação individual que é dada em reuniões. A reunião toma muito tempo, mas, para novos pesquisadores, a recompensa pode ser substancial. Quando os estudantes discutem com o professor ou o bibliotecário sobre seu processo de pesquisa, usando os instrumentos para expor os vários passos e estágios, a aprendizagem será duradoura e transferível.

Redação da síntese

A capacidade de descrever o foco após o término da pesquisa é uma boa forma de avaliar a existência de foco no trabalho. Caso os estudantes tenham identificado e apresentado o foco de forma clara, é provável que sejam capazes de escrever uma breve síntese. Por outro lado, se o trabalho não tinha foco, costumam ter dificuldade de descrevê-lo.

Ao escrever a síntese em um parágrafo, explicando os resultados da pesquisa, os estudantes se tornam cientes do foco ou da falta dele. Começam a entender como o foco afeta suas ideias sobre o assunto. Ser capaz de expressar de forma sucinta a pesquisa é evidência de que existe foco. Os estudantes que percebem a função do foco são capazes de defini-lo em futuras pesquisas. O foco claro permite que façam a síntese d o assunto.

Papel do professor

Um elemento essencial no ensino é a avaliação da aprendizagem. O professor, como avaliador experiente, desempenha importante papel, ajudando os estudantes a avaliar o próprio processo de pesquisa. Os estudantes precisam de orientação para observar seu desempenho a fim de determinar os pontos fortes e fracos.

Usando técnicas recomendadas neste livro, os professores podem ajudar os estudantes a avaliar suas atividades. Manter reuniões individuais para discutir a linha do tempo ou para ajudá-los a construir o fluxograma são maneiras excelentes de analisar o processo de pesquisa, visando à avaliação e identificação de pontos fortes e fracos. Os estudantes precisam de orientação para examinar como usaram o tempo durante a pesquisa e como desenvolveram e fundamentaram o foco. O professor pode orientá-los a visualizar o próprio processo de pesquisa e a identificar pontos problemáticos que precisam de maior atenção.

Papel do bibliotecário

O bibliotecário deve ser envolvido na avaliação do processo de pesquisa. Como especialista nas atividades de pesquisa na biblioteca e nas fontes de informação, ele pode ajudar os estudantes a identificar problemas e recomendar estratégias para melhor aproveitamento.

Os estudantes precisam de ajuda para visualizar o universo informacional disponível e avaliar o uso que fazem do material. O bibliotecário pode indicar os que poderiam ter sido utilizados e não o foram. Os estudantes também precisam de ajuda para identificar situações em que o bibliotecário teria sido útil e deveria ter sido procurado como recurso.

Os papéis do professor e do bibliotecário de certa forma se sobrepõem na ajuda aos estudantes para avaliar o processo de pesquisa. Eles trabalham em equipe para orientar a autoavaliação, sendo importante que dividam responsabilidades na realização de reuniões e outras estratégias de avaliação.

As atividades que se seguem ajudam os estudantes na avaliação de seu processo de pesquisa.

Atividades

▶▶ Atividade 7-1 – Linha do tempo personalizada

Nesta atividade, os estudantes desenham a linha do tempo de seu processo de pesquisa. A linha os ajuda a rememorar como usaram o tempo durante os estágios do processo, a identificar problemas e a planejar melhor o uso do tempo em futuros trabalhos.

Duração
- Um horário de aula.

Material
- Diários; quadro-negro.

Conduzida por
- Professor ou bibliotecário.

Instruções

Explique aos estudantes que eles vão desenhar a linha do tempo de seu processo de pesquisa. Use o *Exercício Elaboração da linha do tempo do processo de pesquisa*. Demonstre no quadro e ao mesmo tempo peça-lhes que desenhem uma linha horizontal em uma folha de papel. No início da linha, à esquerda, devem escrever "solicitação do trabalho pelo professor". No final da linha, à direita, devem escrever "apresentação do trabalho". Faça com que os estudantes registrem em suas linhas do tempo:

1. Quando escolheram o assunto
2. Quando começaram a procurar por um foco
3. Quando definiram o foco
4. Quando coletaram informações
5. Quando completaram a busca na biblioteca
6. Quando prepararam o trabalho escrito

Recomende que consultem o diário para rememorar acontecimentos e datas a serem colocados na linha do tempo. Mostre algumas linhas do tempo feitas por outros estudantes (Quadros 5, 6, 7 e 8).

Quando os estudantes tiverem completado o desenho de suas linhas, peça-lhes que reflitam como usaram o tempo durante o processo de pesquisa.

Variação

Após terem desenhado as linhas, faça-os escrever um parágrafo sobre como usaram o tempo e o que gostariam de fazer de forma diferente em futuros trabalhos.

Acompanhamento

Esta atividade é seguida pela *Atividade 7-3 – Reuniões*.

Quadro 5 – Exemplo de linha do tempo do processo de pesquisa

	Assunto escolhido (Lillian Hellman)	*2 livros encontrados*	*Leitura e browsing*	*Leitura e browsing*	*Leitura e começo das anotações*	
3/março	10/março	29/março	6/abril	13/abril	20/abril	31/abril
Sem assunto – Pensando no que escolher		Fontes de informação – Desenvolvimento do foco	Biblioteca	Biblioteca	Reunindo ideias e citações na biblioteca	Redação
– – – – – Pensando – – – – – e conversando		("The Children's hour")				

Quadro 6 – Exemplo de linha do tempo do processo de pesquisa

4/março	5/ março	6/março	9/março	9/abril	2/ maio	3/maio	4/maio
Escolhi o assunto Peguei alguns livros	Enciclopédia	Crítica literária	1º janeiro		Comecei a escrever	Terminei de escrever	Entrega do trabalho escrito
				Pesquisa: Escolhi a base para o trabalho Temas "recorrentes"			

Quadro 7 – Exemplo de linha do tempo do processo de pesquisa

Solicitação do trabalho pelo professor	Encontrei meu assunto (Salinger) Holden Cawffield		Comecei a escrever	Terminei	Entreguei
3/3	1°/4	Foco 8/4	12/4	17/4	22/4
		Peguei material (Tomando notas desde 1°/4)			

Quadro 8 – Exemplo de linha do tempo do processo de pesquisa

							Entrega antes das férias
1°/3	11/3	14/3	29/3 Foco	Reunindo informações	19/4 Reunindo ideias e anotações	Redigindo	

Exercício da Atividade 7-1

Nome: _____

Data: _____

Elaboração da linha do tempo do processo de pesquisa

Solicitação do trabalho   Apresentação
pelo professor   do trabalho

Registre os acontecimentos listados abaixo em sua linha do tempo. Coloque a data de cada acontecimento e inclua detalhes para descrever seu processo de pesquisa.

1. Seleção do assunto
2. Busca por um foco
3. Formulação do foco
4. Coleta de informações
5. Término da busca na biblioteca
6. Preparação do trabalho escrito

▶▶ Atividade 7-2 – Fluxograma

A construção do fluxograma dá aos estudantes visão geral de como agiram durante o processo de pesquisa. O fluxograma é mais detalhado do que a linha do tempo e possibilita visualizar prontamente o processo como um todo, por estar esquematizado em uma página. Essa visão geral permite aos estudantes avaliar seu progresso e identificar problemas.

Duração
- Um horário de aula.

Material
- Diários, quadro-negro.

Conduzida por
- Professor ou bibliotecário.

Observação
Alguns alunos de ensino médio aprenderam técnicas de elaboração de fluxograma. É possível que aqueles que não têm familiaridade com fluxogramas necessitem de explicação antes da execução desta atividade.

Instruções
Avise aos estudantes que eles vão fazer o fluxograma do seu processo de pesquisa. Use o *Exercício Elaboração do fluxograma do processo de pesquisa*, explicando que o fluxograma dá a visão geral desse processo, ajudando-os a avaliar seu progresso e a identificar áreas problemáticas.

Demonstre no quadro e, ao mesmo tempo, solicite aos estudantes que desenhem um quadrado no alto esquerdo da página e outro à direita, na parte de baixo da folha. No primeiro quadrado eles devem escrever "solicitação do trabalho pelo professor". No outro, "apresentação do trabalho".

Peça que incluam outros quadrados, indicando como progrediram ao longo do processo de pesquisa. Cada quadrado indica um passo realizado para completar o processo. Recomende que usem os diários para ajudá-los a se lembrar do progresso de suas pesquisas. Mostre alguns fluxogramas feitos por outros estudantes (Quadros 9 e 10).

Sugira aos estudantes que incluam nos fluxogramas os seguintes pontos:

1. Quando usaram as fontes de informação
2. Material que localizaram
3. Utilidade do material
4. Pensamentos sobre o assunto
5. Formulação do foco
6. Passos na coleta de informações
7. Quando completaram a pesquisa

Quando os estudantes terminarem os fluxogramas, peça-lhes que identifiquem problemas e considerem o que poderiam ter feito para melhorar o processo em trabalhos futuros.

Variação

Após terem completado os fluxogramas, faça os estudantes escreverem um parágrafo avaliando suas atividades de pesquisa, identificando problemas e como podem melhorar seu desempenho.

Acompanhamento

Esta atividade é seguida pela *Atividade 7-3 – Reuniões*.

Quadro 9 – Exemplo de fluxograma

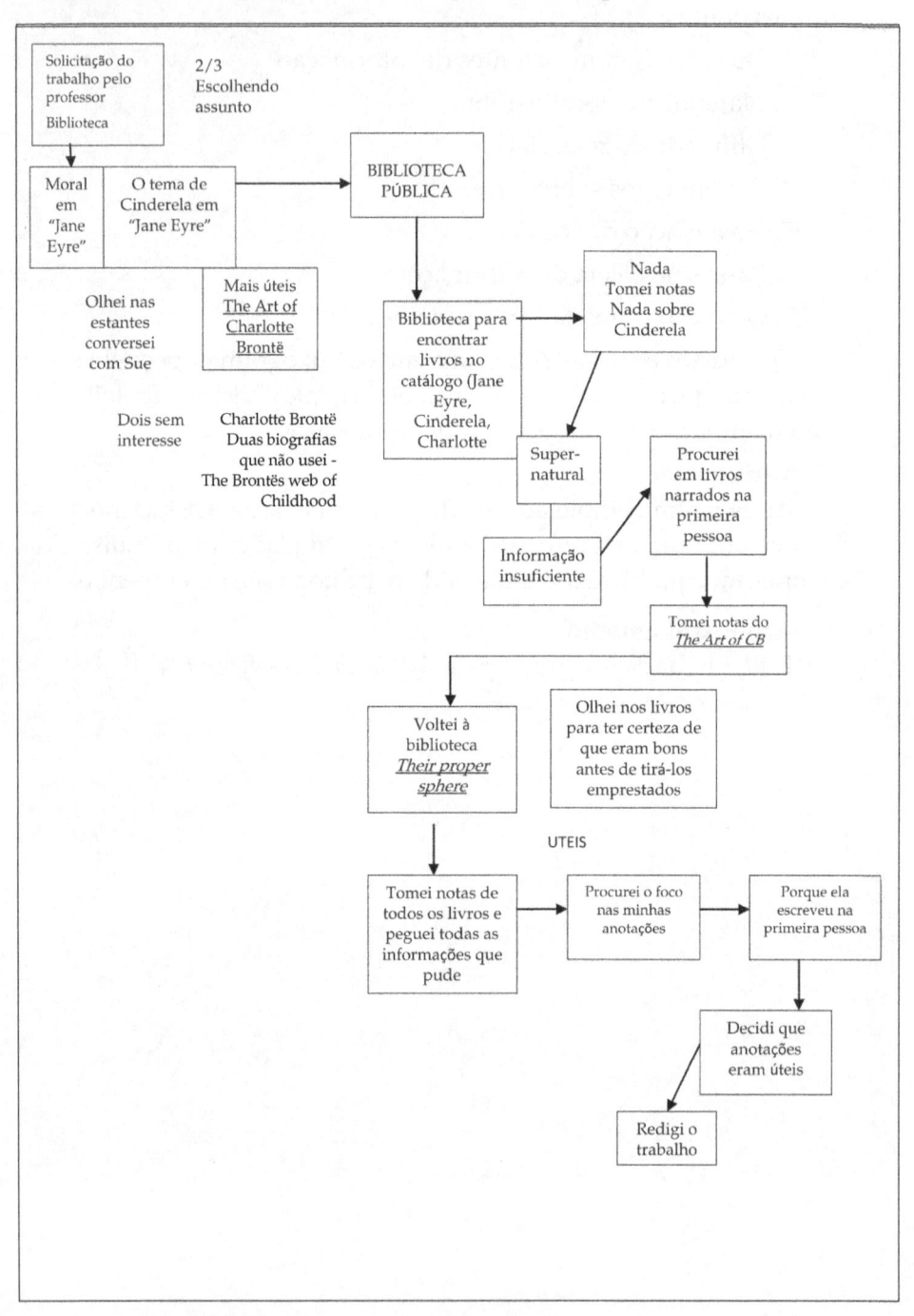

- Solicitação do trabalho pelo professor
- Biblioteca

2/3 Escolhendo assunto

- Moral em "Jane Eyre"
- O tema de Cinderela em "Jane Eyre"

→ BIBLIOTECA PÚBLICA

- Olhei nas estantes conversei com Sue
- Mais úteis *The Art of Charlotte Brontë*

- Biblioteca para encontrar livros no catálogo (Jane Eyre, Cinderela, Charlotte)

- Nada Tomei notas Nada sobre Cinderela

- Dois sem interesse
- Charlotte Brontë Duas biografias que não usei - The Brontës web of Childhood

- Super-natural
- Procurei em livros narrados na primeira pessoa
- Informação insuficiente
- Tomei notas do *The Art of CB*

- Voltei à biblioteca *Their proper sphere*
- Olhei nos livros para ter certeza de que eram bons antes de tirá-los emprestados

UTEIS

- Tomei notas de todos os livros e peguei todas as informações que pude
- Procurei o foco nas minhas anotações
- Porque ela escreveu na primeira pessoa
- Decidi que anotações eram úteis
- Redigi o trabalho

Quadro 10 – Exemplo de fluxograma

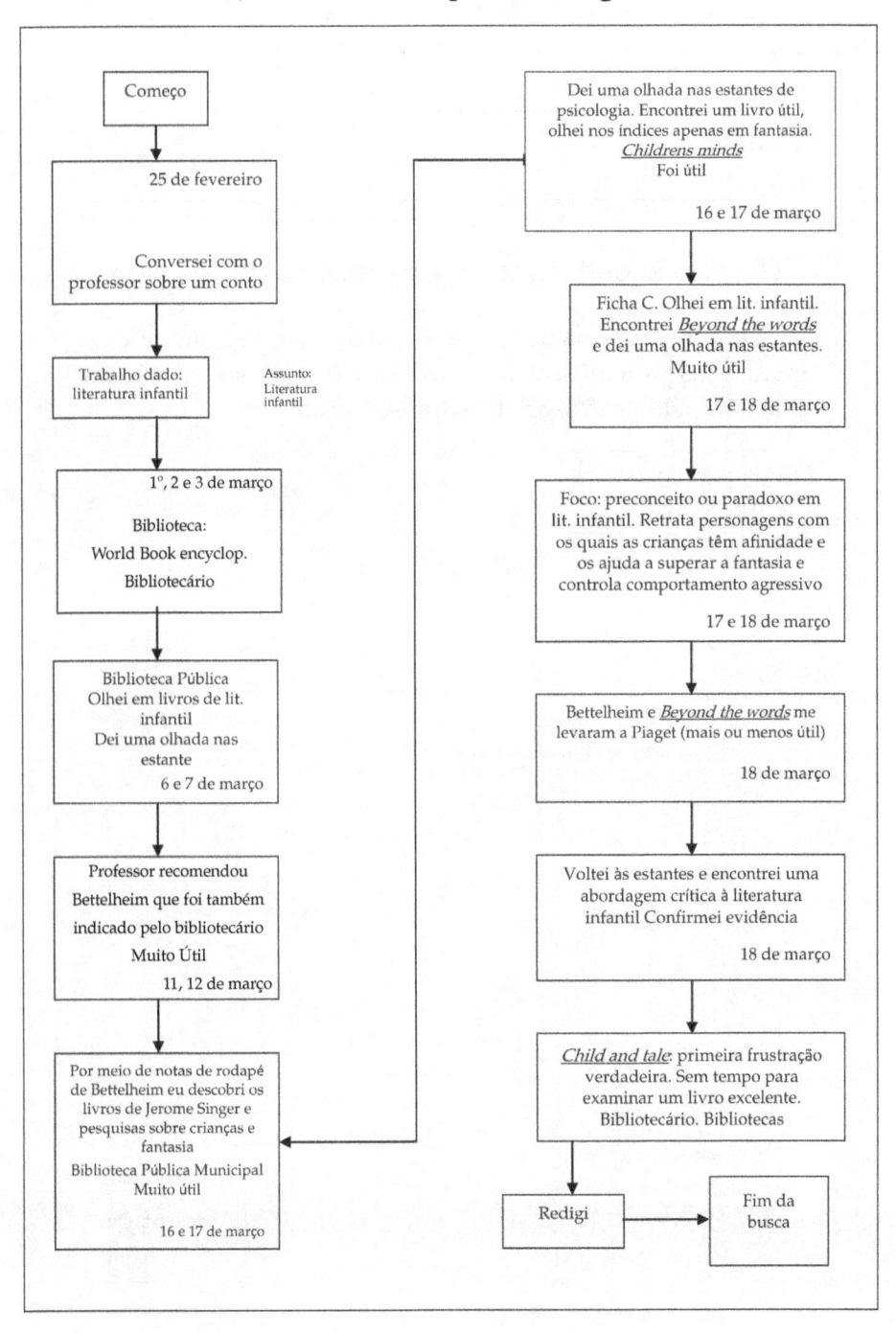

```
Começo
   │
   ▼
25 de fevereiro

Conversei com o
professor sobre um conto
   │
   ▼
Trabalho dado:        Assunto:
literatura infantil   Literatura
                      infantil
   │
   ▼
1º, 2 e 3 de março

Biblioteca:
World Book encyclop.
Bibliotecário
   │
   ▼
Biblioteca Pública
Olhei em livros de lit.
infantil
Dei uma olhada nas
estante
6 e 7 de março
   │
   ▼
Professor recomendou
Bettelheim que foi também
indicado pelo bibliotecário
Muito Útil
11, 12 de março
   │
   ▼
Por meio de notas de rodapé
de Bettelheim eu descobri os
livros de Jerome Singer e
pesquisas sobre crianças e
fantasia
Biblioteca Pública Municipal
Muito útil
16 e 17 de março
```

Dei uma olhada nas estantes de psicologia. Encontrei um livro útil, olhei nos índices apenas em fantasia.
Childrens minds
Foi útil

16 e 17 de março

Ficha C. Olhei em lit. infantil. Encontrei *Beyond the words* e dei uma olhada nas estantes. Muito útil

17 e 18 de março

Foco: preconceito ou paradoxo em lit. infantil. Retrata personagens com os quais as crianças têm afinidade e os ajuda a superar a fantasia e controla comportamento agressivo

17 e 18 de março

Bettelheim e *Beyond the words* me levaram a Piaget (mais ou menos útil)

18 de março

Voltei às estantes e encontrei uma abordagem crítica à literatura infantil Confirmei evidência

18 de março

Child and tale: primeira frustração verdadeira. Sem tempo para examinar um livro excelente. Bibliotecário. Bibliotecas

Redigi → Fim da busca

Exercício da Atividade 7-2

Nome: _____
Data: _____
Assunto: _____
Foco: _____

Elaboração do fluxograma do processo de pesquisa

Faça um fluxograma de seu processo de pesquisa, ligando os quadrados para mostrar seu progresso desde a solicitação do trabalho pelo professor até a apresentação.

| Solicitação do trabalho pelo professor |

| Apresentação do trabalho |

▶▶ Atividade 7-3 – Reuniões

Reuniões ajudam os estudantes a relembrar e a avaliar o processo de pesquisa. Eles usam a linha do tempo e o fluxograma para descrever o próprio processo. Desta forma, os estágios e as técnicas que frequentemente são esquecidos, podem ser avaliados, e sugestões para melhoria podem ser feitas.

Duração
- 10 a 15 minutos com cada estudante.

Material
- Linhas do tempo personalizadas elaboradas na *Atividade 7-1 – Linha do tempo personalizada* e fluxogramas elaborados na *Atividade 7-2 – Fluxograma*.

Conduzida por
- Professor e bibliotecário.

Instruções

Reúna-se com cada estudante individualmente. Antes da reunião, distribua cópias do *Exercício Preparação para a reunião*. Peça aos estudantes que descrevam seu processo de pesquisa, usando, em primeiro lugar, a linha do tempo e depois o fluxograma. Por meio da linha do tempo, ajude-os a visualizar os estágios e a avaliar como usaram o tempo durante o processo. Por meio do fluxograma, faça-os descrever como localizaram o material e qual foi mais útil. Solicite também que expliquem como o bibliotecário participou do processo de pesquisa.

Faça os estudantes descrever o desenvolvimento de seu foco, tanto na linha do tempo quanto no fluxograma. Recomende passos e técnicas para melhorar o processo de pesquisa.

Variação

Em discussão em sala de aula, oriente os estudantes a compartilharem sua experiência no processo de pesquisa, conforme revelado em sua linha do tempo e seu fluxograma.

Exercício da Atividade 7-3

Nome: _____
Data: _____
Assunto: _____
Foco: _____

Preparação para a reunião

A. Usando a linha do tempo de seu processo de pesquisa, prepare-se para descrever:

   1. seu progresso ao longo dos estágios do processo de pesquisa

   2. como você usou o tempo nas atividades de pesquisa

B. Usando o fluxograma de seu processo de pesquisa, prepare-se para descrever:

   1. como você localizou informações e quais foram mais úteis

   2. como seu foco evoluiu com base nas informações que você localizou

▸▸ Atividade 7-4 – Redação da síntese do trabalho

A capacidade de escrever sobre o foco, após o trabalho terminado, é uma boa forma de avaliar a presença de foco. Ao redigir um parágrafo sucinto para descrever os resultados da pesquisa, os estudantes se tornam cientes do foco ou da falta dele.

Duração
20 minutos.

Material
- Lápis e papel.

Conduzida por
- Professor.

Instruções
Distribua papel ou o *Exercício Redação da síntese do trabalho* e faça os estudantes escrever uma breve síntese dos resultados da pesquisa. Pergunte-lhes "qual era a ideia central de sua pesquisa?" Dê-lhes de 10 a 15 minutos para responder.

Recolha as respostas e leia para verificar se há um foco. Ajude os estudantes individualmente, no caso de trabalhos que não apresentem foco.

Variação
Faça cada estudante compartilhar sua síntese com a classe. Discuta a presença do foco na síntese de cada um. Com esse objetivo, pode também ser utilizada a técnica de discussão em pequenos grupos. Divida a sala em grupos de 4 ou 5 alunos. Faça cada estudante ler sua síntese e em seguida discutir a existência de um foco.

Exercício da Atividade 7-4

Nome: _____
Data: _____
Assunto: _____
Foco: _____

Redação da síntese do trabalho

Escreva uma síntese dos resultados de sua busca de informações. Descreva a ideia central ou o foco de seu trabalho.

Anexo 1 – Visão geral das atividades propostas

Estágio	Atividades	Pág.	Duração	Exercícios	Pág.
Início do trabalho	1-1 Convite à pesquisa	40	20 minutos	Lista de possíveis assuntos de pesquisa	46
				Ideias para o assunto de pesquisa	47
	1-2 *Brainstorming* e discussão	48	Um horário de aula		
	1-3 Uso do diário	49	20 minutos	Instruções sobre o diário	52
	1-4 Linha do tempo do processo de pesquisa	53	20 minutos	Questões para ajudar na seleção do assunto	56
	1-5 Fluxograma do processo de pesquisa	57	15 minutos		
Seleção do assunto	2-1 Linha do tempo do processo de pesquisa	74	20 minutos		
	2-2 Obtenção de visão geral	75	Um horário de aula	Obtenção de visão geral (uso de enciclopédia e dicionário impressos)	78
				Obtenção de visão geral (uso de enciclopédia eletrônica)	79
	2-3 Manutenção do diário	80	Um horário de aula	Questões para ajudar na seleção do assunto	81
	2-4 Levantamento para seleção do assunto	82	Um horário de aula	Passos do levantamento para seleção do assunto	85
	2-5 Reunião com o bibliotecário	86	10-15 minutos com cada aluno	Preparação para reunião com o bibliotecário	87
	2-6 Tomada de decisão	88	5-10 minutos com cada aluno	Tomada de decisão	89

Estágio	Atividades	Pág.	Duração	Exercícios	Pág.
Exploração de informações	3-1 Linha do tempo do processo de pesquisa	107	20 minutos		
	3-2 Estrutura hierárquica dos assuntos	109	Um horário de aula	Estrutura hierárquica dos assuntos	110
	3-3 Identificação de termos de busca	111	Um horário de aula	Identificação de termos de busca	112
	3-4 Definições do assunto	113	Um horário de aula	Definições do assunto	114
	3-5 Busca exploratória	115	Um horário de aula por tipo de fonte usada	Busca exploratória	117
	3-6 Ações do estágio de exploração: relaxar, ler, refletir	118	Um horário de aula	Reflexão sobre as leituras	119
	3-7 Lista de material consultado	120	20 minutos	Lista de material consultado (livros)	121
				Lista de material consultado (obras de referência)	122
				Lista de material consultado (revistas)	123
				Lista de material consultado (jornais)	123
				Lista de material consultado (materiais audiovisuais)	124
				Lista de material consultado (internet)	124
Definição do foco	4-1 Linha do tempo do processo de pesquisa	138	20 minutos		
	4-2 Reflexão sobre possíveis focos	139	Um horário de aula	Reflexão sobre possíveis focos	141
	4-3 Levantamento de material sobre o foco	142	Um horário de aula	Levantamento de material sobre o foco	144
	4-4 Grupos de discussão	145	Um horário de aula	Grupos de discussão	146
	4-5 Reuniões	147	10-15 minutos para cada reunião	Preparação para a reunião	148
	4-6 Definição do foco	149	Um horário de aula	Definição do foco	150
	4-7 Descrição do foco	151	20 minutos	Descrição do foco	152

Estágio	Atividades	Pág.	Duração	Exercícios	Pág.
Coleta de informações	5-1 Linha do tempo do processo de pesquisa	170	20 minutos		
	5-2 Pensar no universo informacional	172	Um horário de aula	Pensar no universo informacional	174
	5-3 Identificação de termos de busca durante o processo de pesquisa	175	Um horário de aula	Identificação de termos de busca durante o processo de pesquisa	176
	5-4 Compreensão da hierarquia da classificação bibliográfica	177	Um horário de aula	Compreensão da hierarquia da classificação bibliográfica	182
	5-5 Uso do catálogo da biblioteca	183	Um horário de aula		
	5-6 Passar os olhos nas estantes	184	Um horário de aula	Passar os olhos nas estantes	186
	5-7 Uso de obras de referência	187	Um horário de aula	Uso da coleção de referência	189
	5-8 Uso de informações correntes	190	Um horário de aula	Uso de informações correntes	192
	5-9 Avaliação de material	193	Um horário de aula	Avaliação de material	194
	5-10 Anotações	195	Um horário de aula	Anotações	196
Preparação do trabalho escrito	6-1 Fundamentação adequada do foco	207	Um horário de aula	Fundamentação adequada do foco	209
	6-2 Indícios de término da busca de informações	210	Um horário de aula	Indícios de término da busca de informações	211
	6-3 Verificação final nas fontes de informação	212	Um horário de aula	Verificação final nas fontes de informação	213
	6-4 Organização das anotações	214	Um horário de aula	Passos na organização das anotações	215
	6-5 O esquema	216	Um horário de aula	Elaboração do esquema	217
	6-6 Citação, paráfrase e resumo	218	Um horário de aula	Citação, paráfrase e resumo	219
	6-7 Conexão e ampliação de ideias	220	Um horário de aula	Conexão de ideias	221
				Conclusões	222
	6-8 Bibliografia	223	Um horário de aula	Rascunho da bibliografia	224

Estágio	Atividades	Pág.	Duração	Exercícios	Pág.
Avaliação do processo	7-1 Linha do tempo personalizada	235	Um horário de aula	Elaboração da linha do tempo do processo de pesquisa	237
	7-2 Fluxograma	238	Um horário de aula	Elaboração do fluxograma do processo de pesquisa	242
	7-3 Reuniões	243	10-15 minutos com cada aluno	Preparação para reunião	244
	7-4 Redação da síntese do trabalho	245	20 minutos	Redação da síntese do trabalho	246

Anexo 2 – Publicações e *sites* citados como exemplos

Altavista
http://pt.altavista.com/

Dicionário de ecologia e ciências ambientais
ART, Henry W. (Ed.). *Dicionário de ecologia e ciências ambientais*. São Paulo: Unesp, 1998. 586 p.

Dicionário de Machado de Assis
MACHADO, Ubiratan. *Dicionário de Machado de Assis*. Rio de Janeiro: Academia Brasileira de Letras, 2008. 392 p.

Dicionário de mitologia grega e romana
KURY, Mário da Gama. *Dicionário de mitologia grega e romana*. Rio de Janeiro: Zahar, 2003. 408 p.

Enciclopédia Mirador Internacional
HOUAISS, Antonio (Ed.). *Enciclopédia Mirador Internacional*. Rio de Janeiro: Encyclopaedia Britannica do Brasil, 1995. 20 v.

Google
http://www.google.com.br/

Manual para normalização de publicações técnico-científicas
FRANÇA, Júnia Lessa *et al*. *Manual para normalização de publicações técnico-científicas*. 8. ed. Belo Horizonte: Ed. UFMG, 2007. 255p.

Miniaurélio
MINIAURÉLIO. Curitiba: Positivo [a.d.].

MORE. Mecanismo On-line para Referências
Desenvolvido por Maria Bernadete Martins Alves e Leandro Luis Mendes
http://www.rexlab.ufsc.br:8080/more/

Novo Dicionário Aurélio da Língua Portuguesa
NOVO Dicionário Aurélio da Língua Portuguesa. 3. ed. rev. atual. Curitiba: Positivo, 2004.

Padrão PUC Minas de Normalização
http://www.pucminas.br/documentos/normalizacao_monografias.pdf

Parque industrial
GALVÃO, Patrícia. *Parque industrial*. 3. ed. Porto Alegre: Mercado Aberto; São Carlos: EDUFSCAR, 1994. 104 p.

Pequena enciclopédia de personagens da literatura brasileira
MORAIS, Clóvis Bulcão de. *Pequena enciclopédia de personagens da literatura brasileira: perfis dos mais importantes personagens de nossa literatura*. Rio de Janeiro: Campus, 2005. 296 p.

Superarquivo da revista Superinteressante
http://super.abril.com.br/superarquivo/superindice/
http://super.abril.com.br/revista/
http://super.abril.com.br/superarquivo/index_superarquivo.shtml/

Wikipédia
http://pt.wikipedia.org./

Yahoo
http://br.yahoo.com/